2024년 한님성서연구소 제2차 학술 발표 논문집

죽음 이후

2024년 한님성서연구소 제2차 학술 발표 논문집
죽음 이후

© 한님성서연구소 2024

교회인가 2024년 10월 18일 (의정부교구장 손희송 베네딕토 주교)
초판 1쇄 2024년 11월 24일

지은이 정태현, 송혜경, 주원준, 김선영
펴낸이 조병우
펴낸곳 한님성서연구소
등록 제85호
주소 경기도 의정부시 평화로 604
전화 031)846-3467
팩스 031)846-3595
카페 cafe.naver.com/biblicum

ISBN 978-89-94359-55-7 93230
책값은 뒤표지에 있습니다.

성경 © 한국천주교중앙협의회, 2024.
히브리어 · 그리스어 · 시리아어 · 셈어음역 폰트 © Linguistsoftware

2024년 한님성서연구소 **제2차** 학술 발표 논문집

죽음 이후

한님성서연구소장 정태현
수석연구원 송혜경
주원준
김선영

2024년 한님성서연구소 제2차 학술 발표 논문집 발간에 붙여

작년(2023년)에 한님성서연구소는 창립 25주년을 맞아 학술 발표회를 갖고 논문집을 발간하였다. 의정부교구 선교사목국과의 긴밀한 협력 아래 성서주간에 맞추어 열린 학술 발표회는 많은 성직자와 수도자, 그리고 평신도들의 뜨거운 관심과 참여를 끌어냈다. 이에 힘입어 연구원들은 이 학술 발표회를 해마다 이어가기로 의견을 모았다. 그리고 오랜 숙의 끝에 올해 학술 발표회의 주제로 "죽음 이후"를 선정했다. 이제 한 해 동안 이 주제를 탐구해온 연구소장과 세 연구원들의 논문들을 모아 발표한다.

인간의 사후 운명에 대한 관심은 모든 시대와 지역 안에서 공통으로 발견된다. 인간은 누구나 지상의 생명이 끝나는 것에 아쉬움과 두려움을 느끼고 죽음 이후에도 삶이 더 나은 형태로 지속되기를 희망한다. 구약성경과 신약성경, 그리고 예수님은 인간의 현세적 삶과 죽음 이후의 삶을 하느님과의 관계 안에서 정립한다. 그 결과는 부활과 영원한 생명에 대한 믿음으로 이어진다. 우리는 성경을 살피기 전에 죽음 이후의 삶에 대한 고대근동 문헌, 구약 외경, 시리아 교회 교부들의 생각들을 살펴본다. 이 세 문헌들은 구약성경과 신약성경의 가르침들에 영향을 주기도 하고 받기도 했다.

그리스도교의 사후생과 부활에 대한 교리는 — 더 좁게는 가톨릭 교리 — 구약성경과 신약성경의 가르침에서 끌어낸 것이다. 죽음과 부활에 대한 구약성경의 가르침은 셔올의 개념에서 서서히 발전되어 제2성전 시대 유다이즘을 거쳐 신약성경에 수렴되었다. 죽음과 부활에 대한 유다·그리스도교 교리의 중심에는 계약의 하느님에 대한 철저한 믿음과 계시의 완성이신 예수 그리스도의 가르침이 자리잡고 있다. 사후생을 다루는 이번 논문에서 바오로의 생사관과 부활관을 다루지 못한 것은 아쉬움으로 남는다.

지난 여름 혹독한 더위와 싸우며 논문을 완성해준 연구원들에게 감사드린다. 이 논문집이 사후생과 부활에 대한 더 큰 담론으로 이어지길 희망하며 인류 부활의 첫 열매이신 예수 그리스도의 말씀으로 마무리한다.

"나는 부활이요 생명이다. 나를 믿는 사람은 죽더라도 살고, 또 살아서 나를 믿는 모든 사람은 영원히 죽지 않을 것이다"(요한 11,25).

2024년 11월 24일 온누리의 임금이신 우리 주 예수 그리스도왕 대축일
한님성서연구소장 정태현 갈리스도 신부

차례

4   2024년 한님성서연구소 제2차 학술발표 논문집 발간에 붙여

9   주원준   **죽음의 신의 고향에서 영원한 승리를!**

61   송혜경   **구약 외경에 나타난 '죽음 이후'**

117   김선영   **지상의 낙원: 아프라하트와 에프렘의 내세관의 이해**

169   정태현   **성경의 사후생: 마르 12,18-27**(병행: 마태 22,23-33/ 루카 20,27-40)**을 중심으로**

주원준

죽음의 신의 고향에서 영원한 승리를!

― 고대근동의 '죽음의 의인화' 전승과

이스라엘 신론의 유일성

차례

1. 들어가며
2. 연구 주제와 방법론
3. 고대근동 세계의 죽음과 저승
    3.1. 고대 메소포타미아의 죽음과 저승
        3.1.1. 역사적 배경: 단일한 정체성의 부재
        3.1.2. 역사적 변화와 발전
        3.1.3. 저승 및 죽음과 관련된 특징
        3.1.4. '죽음의 의인화'는 없다
    3.2. 이집트의 죽음
        3.2.1. 역사적 배경: 단일한 정체성
        3.2.2. 사후세계의 특징
        3.2.3. '죽음의 의인화'는 없다
    3.3. 시리아-팔레스티나의 이스라엘
        3.3.1. 역사적 배경: 신흥지역
        3.3.2. 라파임: 저승에 모여 잠든 조상들
        3.3.3. 죽은 이를 불러 올리다
        3.3.4. 죽음의 신과 비긴 바알
4. 구약성경의 유일성
    4.1. 시리아-팔레스티나의 전승
    4.2. 구약성경의 모트
    4.3. 죽음의 신을 영원히 꺾으신 하느님
5. 나가며
6. 참고 문헌

1. 들어가며

구약성경 본문의 죽음과 저승에 대한 묘사 가운데 오로지 이스라엘만의 가장 오래되고 독특한 특징은 무엇이고, 어디서 기원했을까? 이 질문은 죽음과 저승에 대한 구약성경 및 그리스도교의 인식과 이해가 어디에 기초했는지, 그 궁극적 뿌리를 확인하는 데 도움을 줄 것이다.

2. 연구 주제와 방법론

2.1. 연구 주제와 함의

이 논문은 우선 '죽음 그 자체의 의인화'가 고대 시리아-팔레스티나에서 기원했음을 드러낼 것이다. 그러기 위해서 고대근동 세계의 대표적인 세 지역, 곧 고대 메소포타미아와 고대 이집트와 고대 시리아-팔레스티나의 죽음과 저승에 대한 이해를 역사적으로 묘사하고, '죽음의 의인화'를 기준으로 비교한다. 그러고 나서 기원전 2천 년대 시리아-팔레스티나의 '죽음의 신'을 우가릿 문헌을 중심으로 살펴보고, 기원전 1천 년대 고대 이스라엘의 문서인 구약성경과 비교한다.

필자는 이렇게 고대 이스라엘과 그 이웃민족들을 비교하는 연구를 해 왔다. 고대 이스라엘의 종교가 외부와 활발히 교류하며 발전하였음을 드러내고, 그 과정에서 독특하고도 유일한 야훼 신앙을 잘 볼 수 있다고 생각했기 때문이었다. 이번 연구는 시리아-팔레스티나의 종교 전승에서 고대 이스라엘의 독특함을 서술한다는 점에서 처음이다. 기존의 연구가 주로 기원전 1천 년대, 곧 동시대의 이웃 민족들과 '횡적으로 비교'한 것이라면, 이 연구는 시리아-팔레스티나 지역에서 기원전 2천 년대와 1천 년대를 비교하는, 곧 '종적으로 비교'하는 것이다. 그리고 『바알 신화』 연구가 이스라엘의 신앙을 파악하는 데 어떤 의미를 지니는지도 조금 드러낼 것이다.

연구 결과를 요약하면 다음과 같다. 구약성경 본문에는 '죽음 그 자체가 의인화(personification)'되어 표현되었다. 이런 의인화 자체는 고대 시리아-팔레스티나의 전승에서 기원한 것이다. 하지만 '야훼 하느님께서 죽음을 꺾고 영원히 승리하신다'는 신앙고백은 오직 고대 이스라엘만의 것이다.

2.2. 방법론과 연구 범위의 제한

고대근동의 자료와 구약성경 본문을 비교하는 연구는 '자료의 불균형'을 늘 주의깊게 의식해야 한다. 고대근동의 죽음관이나 저승관에 대해서 현대 학문의 언어로 알려주는 1차 문헌은 없다. 연구의 유일한 방법은 점토, 석판, 벽화 등에 기술된 신화문헌, 장례문헌, 기도문, 저주문, 축복문 등을 고대의 자료를 분석해서 해석한 결과다. 이런 자료는 양적인 면에서나 질적인 면에서 충분하지 않고, 많은 자료는 파편적이다. 아직 그 정확한 의미가 밝혀지기보다는 추론에 의존하여 이해하는 것들이나 동일한 문헌에 서로 다른 해석이 존재하는 경우도 적지 않다. 그러므로 많은 연구가 실제 고대근동인들의 죽음관이나 저승관을 얼마나 반영하는지는 근본적으로 의심해야 한다. 이런 특징은 우선 고대근동 세계의 죽음에 대해 밝히는 작업이 매우 '해석적'임을 의미한다.

이에 비해 구약성경과 고대근동의 죽음관, 또는 죽음의 신과 관련해서는 너무도 방대한 자료와 연구가 존재한다. 그런데 그런 방대한 자료와 연구는 그리스도교 신학의 맥락에서 해석되고 기술된 것이 대부분이다. 이런 신학적

색채를 넘어서 역사적으로 구약성경을 사용하기 위해서는 상당히 해석학적인 노력이 필요하다. 필자는 이 작은 글에서 구약성경의 수많은 측면을 모두 다루지 않고, 오직 '죽음의 의인화'에 초점을 두겠다.

2.3. '죽음'이라는 용어

구약성경 히브리어에서 죽음은 명사형으로 /마베트/(מָוֶת)라 하는데, 이중모음 /aw/가 /ō/로 축약되는 서부셈어의 음운변화를 거쳐 '모트' 형태로 자주 쓰인다(מֹתִי, בְּמֹתֵי, מוֹתַי, כְמוֹתִי, לְמוֹתִי, מֹתָם, מוֹתָם 등). 이런 '모트' 형태는 『바알 신화』 등 우가릿 문헌에 등장하는 죽음의 신인 '모투'(Môtu)와 우가릿어 주격어미(-u)를 제외하면 정확히 일치한다. 우가릿 신화에 등장하는 모투의 가장 고대의 형태는 /마우투/(Mawtu)였을 것인데, 이 형태 또한 히브리어 명사형과 형태상으로 일치한다.[1]

죽음의 신의 이름
우가릿어: **'모투'**(Môtu) ← Mawtu

히브리어: **'모트'**(Môt, מוֹת) ← Māwet מָוֶת

이 이름들 가운데 죽음의 신을 무엇이라고 칭해야 할까? 필자는 구약성경 본문에 등장하는 죽음의 신을 '모트'라고 하겠다. 그리고 우가릿 문헌의 죽

---

[1] 이 음운변화 규칙은 원셈어(Proto-Semitic) 단계에서 일어난 일이다. 음운변화 규칙과 *qatl*-형태에 대해서 다음을 보라. Joüon/Muraoka §6i, §96Ai; 트롬퍼, 『우가릿어 문법』, 55. 이 단어의 어근은 다음을 참조하라. Del Olmo Lete/Sanmartín, *A Dictionary of the Ugaritic Language in the Alphabetic Tradition, Part Two: [l-z]*, 596-597.

음의 신은 우가릿어 주격어미를 붙여 '모투'라고 부르겠다. 이 신의 가장 오래된 형태를 사용하는 것이 아니라, 학계에서 가장 일반적으로 사용하는 용어를 쓰는 것이다.

3. 고대근동 세계의 죽음과 저승

3.1. 고대 메소포타미아의 죽음과 저승

3.1.1. 역사적 배경: 단일한 정체성의 부재

기원전 4천 년대부터 고대 메소포타미아에는 언어와 민족이 상당히 다른 다양한 성읍국가들이 꽃피웠다. 대략 기원전 35세기경에 수메르 문명이 시작되었는데, 그 시대에도 수메르인들만 존재했던 것은 아니었다. 수메르 기록은 엘람 등 주변의 민족들을 풍부히 언급한다.

수메르인들의 패권이 아카드어 사용자들로 넘어간 과정은 복잡하다. 대략 기원전 24세기에 아카드인 사르곤 대제가 키쉬(Kiš)를 중심으로 이 지역을 통일하고 '수메르와 아카드의 임금'(šar māt Šumeri u Akkadi)으로 칭했다. 절치부심하던 수메르인들은 기원전 22세기경 아카드인을 몰아내고 우르 제3왕조를 중심으로 새롭게 패권을 차지했으니 이를 '신수메르 시대'로 부른다. 이후 기원전 20세기경에 우르 제3왕조는 무너졌고 메소포타미아 북부는 앗슈르(Aššur)가 패권을 잡았고, 남부는 이신(Isin)과 라르사(Larsa)가 패권을 잡았지만 기원전 18세기 바빌론의 함무라피에게 모든 것을 넘겨준다. 이후 메소포타미아 북부는 앗슈르가 남부는 바빌론이 패권을 잡는 시대로 넘어갔다. 양자 모두 아카드어를 사용하는 나라였다. 기원전 2천 년대로 가면 수메르인을 거의 찾아볼 수 없지만, 수메르 문헌을 필사하고 전승하는 일은 계속되었다. 이런 과정을 통하여 '수메르'와 '아카드'를 나누어 인식하는 일은 간단하지 않게 되었다.

'순수히 수메르적인 것'과 '순수히 아카드적인 것'은 뒤섞여 전해진다. 무엇이 수메르적이고 무엇이 아카드적인가? 이를 선명히 구별해 답하기는 거의 불가능하다.[2]

기원전 2천 년대부터 아카드어 사용자들의 시대라고 할 수 있지만 다른 언어 사용자들도 여전히 발전하고 있었다. 앗슈르와 바빌론이 패권을 잡은 가운데 후르어를 사용하는 밋탄 등도 대국의 반열에 올랐고, 엘람의 역사도 고려해야 한다. 그밖에 수를 헤아리기 힘든 작은 도시국가들이 계속해서 크고 작은 전쟁을 벌였다. 그리고 기원전 5세기경에는 인도유럽어를 사용하는 페르시아가 고대근동 세계를 통일했다.[3]

메소포타미아의 역사는 언어와 역사적 전승이 서로 다른 민족과 국가들이 수천 년에 걸쳐 서로 자유롭게 경쟁한 유럽과 닮았다. 민족과 국가들은 서로 다른 정체성과 개성을 지녔다.

(그리하여) … 고대근동에 '메소포타미아인'은 존재한 적이 없다. 늘 '아시리아인'이나 '바빌로니아인'이나 '페르시아인'이 있었을 뿐이다. 아시리아가 패권을 잡았을 때도 바빌론에는 바빌론인들이 있었다. 바빌론인들이 패권을 잡았을 때도 엘람에는 엘람인들이, 앗슈르에는 앗슈르인들이 존재했을 뿐이다.[4]

---

2   주원준, 『인류최초의 문명과 이스라엘 - 고대근동 3천 년』, 63, 71.
3   특히 다음의 참고문헌을 보라. 주원준, 『인류최초의 문명과 이스라엘』, 3부, 4부.
4   주원준, 『인류최초의 문명과 이스라엘』, 103.

이런 역사적 배경을 이해하면, 통일된 하나의 '고대 메소포타미아적 죽음관 또는 저승관'에 대한 개념은 존재하지 않는다는 것을 이해할 수 있을 것이다. 우리는 '고대 메소포타미아의 죽음 또는 저승'에 대해서 시대와 지역과 민족에 따른 다양한 그림을 그릴 수밖에 없을 것이다. 이 점은 뒤에서 볼 고대 이집트와 무척 다르다.

3.1.2. 역사적 변화와 발전

카츠는 기원전 2천 년대가 되자 고대 메소포타미아 지역에서 역사적으로 죽음에 대한 태도가 변했다고 보고한다. 수메르어 문헌 가운데 죽음을 언급하는 것은 비교적 적다. 수메르어로 '저승'을 가리키는 말은(KUR) '산' 또는 '낯선 땅'을 의미했다. 그저 수메르인들의 경계를 벗어난 먼 곳이란 의미다.[5] 이런 태도를 카츠는 수메르 문명 특유의 '현세적 복'을 추구하는 경향으로 설명한다. 수메르인들은 죽음이 인생에서 불가피한 것임을 수용했고, 신을 섬기는 댓가로 주로 장수와 행복을 기원하는 종교적 태도를 지녔기에(do ut des), 죽음과 그 이후의 세계를 즐겨 언급하지 않았다는 것이다.[6]

하지만 기원전 2천 년대가 되자 사정이 꽤 달라졌다. 아카드어 문헌은 아래처럼 죽음과 그 이후의 세계를 즐겨 묘사한다. 그 이유는 무엇일까? 카츠는 수메르 문명에서 아카드 문명으로 이행하는 시기에 고대 메소포타미아에서 일어난 수많은 전쟁이 그 원인이라고 설명한다. 이를테면 전장에서 이른 나이에 죽은 임금이나 전사 등을 언급하는 곳에서 이런 표현이 많다고 보고한다. 이를테면 '운명이 그를 취했다' 또는 '저주가 그를 덮치다' 등의 표현이다. '그의 신'(=수호신)이 그를 배신했다는 표현도 주목할 만하다. 그리고 결국 우르-남

---

5   Katz, "Unterwelt, Unterweltsgottheiten", 342.
6   이어지는 논의는 다음의 요약이다. Katz, "Tod", 70.

무(Ur-Nammu, 기원전 21세기 경)는 (이승에서 장수 대신에) '내세의 영광'을 받아들인다. 이 결과 이승에서 이루지 못한 것을 보상하는 곳으로서 저승이 중요하게 떠오른다.[7]

카츠가 제시한, 아카드어 문헌에서 죽음을 뜻하는 풍부한 표현을[8] 필자는 아래와 같이 다시 정리했다. 이 가운데 구약성경과 병행하는 문학적 표현을 보기 위해서이다(특히 아래의 v 항목). 대개 '(죽음의) 때', '운명', '둔 것', '지정한 것'으로 옮기는 $š\bar{\imath}mtu$가 죽음과 함께 쓰인다는 점이 눈길을 끈다.

i '생명' 관련

    napištu iballi "생명이 소멸하다"

    napištu iqatti "생명이 끝나다"

    qīt napišti "생명의 끝"

    napišta itabbak "그는 생명을 쏟아버렸다"

    napišta šakānu "생명을 놓다"

ii '시간' 관련

    adanna kašādu "약속된 때를 얻다"

    ūmū imallû "날들이 채워졌다"

iii '운명' 또는 '신' 관련

    ana/in/arki šīmti/šīmat awīlūti alāku

        "운명으로/인간의 운명으로 가다"

    arrat niše ikaššassu "인간의 저주가 그를 덮치다"

    šīmtu ubilšu "운명이 그를 취했다"

---

[7] Katz, "Tod", 70.

[8] Katz, "Tod", 71-72.

> *ilšu iqerrūšu* "그의 신이 그를 초대했다"

iv '장소' 관련

> *nammušišu alāku* "멀리 가다"
> *šadâ emēdu* "산에서 안식을 찾다"

v '구약성경'의 긴밀한 병행구

> *nār Hubur ebēru* "후부르 강을 건너다"
> *tīdiš ewûl târu* "진흙으로 돌아가다"
> *ana epri/erṣet la târi târu* "먼지로/돌아올 수 없는 나라로 돌아가다"
> *ana erṣeti/irkalli/arallîl/apsî/qabri warādu*
> "저승으로(3x)/압수로/무덤으로 내려가다"

3.1.3. 저승 및 죽음과 관련된 특징

앞에서 보았듯 아카드어 문헌은 이미 수메르 시대부터 시작되어 수천 년에 걸쳐 다양한 주체에 의해 작성되고 전승되었다. 게다가 죽음을 언급하는 문헌은 장례와 애도 등에 사용된 의례 문헌, 신화, 각종 금석문, 공적이고 사적인 서신 등 다양하다. 이런 원천문헌들에 드러난 죽음과 저승에 대한 그림을 현대 학자들이 종합한 결과가 과연 고대 메소포타미아에 존재했던 사람들의 믿음과 부합할 것인지는 비판적으로 검토되어야 한다. 게다가 이런 원천문헌들은 그 자체의 양도 많지만 새롭게 번역되거나 기존의 번역이 새롭게 업데이트되어 해마다 새로운 정보를 전해준다.

자료의 양이 계속해서 늘어나기 때문에, 원천 자료가 비범하게 다양해진다. 그래서 한 원천에서 얻은 인상이 다른 자료들에서 얻은 것으로 교정되거나 해석된다. 그래서 전체적으로 더 균형잡히고 더 정확한 그림을 얻게 된다.[9]

이런 한계를 안고 고대 메소포타미아의 죽음과 저승관을 들여다 보자. 카츠에 따르면 고대 메소포타미아의 죽음이란 "장기의 모든 생물학적 활동이 멈추는 것이며 그에 따르는 영원한 상태"다.[10] 육체활동이 정지되면 영혼이 몸에서 빠져나가 저승으로 내려간다.

저승의 묘사

저승으로 가는 길은 대개 '후부르 강을 건너다'로 묘사된다. 저승 앞에는 문지기가 있는데 문헌에 따라 이름은 다르다(Siluši, Silulim, Ḫumuṭ-tabal 등). 뱃사공을 언급하는 문헌도 있다. 저승으로 가는 길의 묘사도 다양한데, 매년 제사 때 가족을 만나러 가는 죽은 영을 만나거나, 죽었다가 다시 태어날 아기의 영을 마주치는 길이라는 전승도 있고, 태초의 바다인 압수(Apsû)를 건넌다는 표현도 있다.[11]

저승을 가리키는 아카드어 표현도 다양하지만(대표적으로 Irkalla, erṣetu) 대개 어둡고 춥고 축축한 불모의 땅으로 묘사된다.[12] 저승에는 죽은 이의 영혼(eṭimmu)이[13] 잠자고 있다. 죽은 아내와 아들이 저승으로 내려가 과거에 죽은 아버지를 깨워 감격적으로 재회하는 문헌도 있다.[14] 저승에는 신들이 많다. 하늘에는 300의 신들이 저승에는 600의 신들이 산다는 전승이 있다.[15]

저승을 생생한 왕국으로 묘사하는 전승도 있다. 태양신 등 신들이 저승

---

9 Scurlock, "Afterlife in Ancient Mesoptamian Thoguht", 1883.
10 Katz, "Tod", 70.
11 Scurlock, "Afterlife in Ancient Mesoptamian Thoguht", 1886.
12 대표적으로 '길가메쉬 서사시'의 12번째 토판을 들 수 있다(GE XII).
13 Lambert, "The Theology of Death", 58.
14 Scurlock, "Afterlife in Ancient Mesoptamian Thoguht", 1886.
15 Lambert, "The Theology of Death", 59.

을 방문하고, 죽은 이들도 이승과 같이 빵을 먹고 물을 마신다. 저승은 국가처럼 묘사되는데, 재판정도 있다. 최고 재판관이자 통치자는 저승의 여왕 에레쉬키갈(Ereškigal)과 임금 네르갈(Nergal)이다.[16] 이 두 신을 저승의 주신(chief god, 主神)이라고 할 수 있을 것이다. 에레쉬키갈은 수메르어로 "큰 땅(=저승)의 여주인"(Ereš-ki-gal)이란 뜻이다.[17] 기원전 1천 년대 바빌로니아 문헌에 등장하는 에라(Erra)도 저승을 다스리는 대표적인 신이다.

저승을 다스리는 에레쉬키갈

아시리아 왕자 쿰마(Kumma)의 꿈에는 저승의 '행정체계'가 묘사되어 있다. 뱃사공 후무트-타벨(Humut-tabel)의 안내를 받아 저승에 도착하자 에레쉬키갈의 신하들이 맞아준다. 재상인 남타르(Namtar)가 히브리어 '커룹'(כרוב)에 해당되는 쿠리부(Kurību)의 머리를 잡고 있고, 괴조 안주(怪鳥 Anzu)도 있고, 사자의 머리와 인간의 손과 새의 발을 한 문지기 비두(Bidu 또는 Nedu)가 있고, 검은 피부에 괴조 안주의 머리에 붉은 망토를 걸친 사람이 왼손에 활을 들고 오른손에 단검을 들고 왼발로는 뱀을 밟고 있다. 이런 무시무시한 신하를 거느리고 네르갈이 왕좌에 앉아 있다.[18]

저승은 여왕 에레쉬키갈의 영역이다. 『네르갈과 에레쉬키갈』이라는 문헌에 따르면[19] 네르갈은 본디 저승의 신이 아니었지만 에레쉬키갈의 초청으로 저승

---

16 Scurlock, "Afterlife in Ancient Mesoptamian Thoguht", 1886; Lambert, "The Theology of Death", 59-60.

17 Müller, "Ischtars Höllenfahrt", 760 n11a.

18 Scurlock, "Afterlife in Ancient Mesoptamian Thoguht", 1887. 다음의 재인용이다. Livingstone (ed.), *Court Poetry and Literary Miscellanea, State Archives of Assyria* 3, no. 32, 71f.

19 프리챠드, 『고대근동 문학 선집』, 179-195.

(Irkalla)으로 내려가 에레쉬키갈의 환대를 받고 임금이 된다. 네르갈은 에레쉬키갈과 사랑을 나누고 나서 그녀의 왕국에 사로잡힌 것을 깨닫고 탈출하려 했으나 뜻을 이루지 못했다. 결국 영원히 저승에 잡혀 에레쉬키갈의 사랑의 요구를 들어주어야 한다. 그리고 아눈나키 큰 신들은 저승을 다스리는 에레쉬키갈의 권능을 인정하며 끝난다. 저승을 다스리는 에레쉬키갈의 우월한 권능은 『이쉬타르의 지하세계 여행』에서도 그대로 볼 수 있다.[20]

3.1.4. '죽음의 의인화'는 없다

이 논문의 논지로 돌아오자. 고대 메소포타미아에는 기원전 2천 년대부터 죽음에 대한 풍부하고 다양한 전승이 존재한다. 그리고 저승을 다스리는 신은 존재하지만 독특하게도 죽음 그 자체가 의인화된 문헌은 찾아볼 수 없다.

> 고대 메소포타미아에서 저승의 신들과 악령들에 대한 증거는 풍부하지만, 죽음이 의인화된 증거는 무척 제한적이다.[21]

사실 아카드어로 '죽음'을 의미하는 '무투'($^{d}m\bar{u}tu$)가 '죽음의 신'으로 나오는 문헌이 무척 적지만 존재한다. 그런데 폰 조덴(von Soden)은 이런 문헌들이 모두 기원전 7세기 이후 아시리아 문헌이라고 보았다.[22] 이 점은 굴데(S.U. Gulde)도 확인했다.[23] 이런 관찰은 고대 메소포타미아 문헌에서 보이는 '무투'라는 죽음

---

20 프리챠드, 『고대근동 문학 선집』, 169-175.
21 Healy, "Mot", 598.
22 Healy, "Mot", 598. Healy는 다음을 인용했다. W. von Soden, "Unterweltsvision eines Assyrischen Kronprinzen", *ZA 43* (1936), 16. 기원전 7세기라면 시리아-팔레스티나 지역의 영향력을 충분히 생각할 수 있는 시기다.
23 Gulde, "Der Tod als Figur im Alten Testament: Ein alttestamentlicher Motivkomplex

의 신이 시리아-팔레스티나의 영향을 받았음을 암시한다.

3.2. 이집트의 죽음

3.2.1. 역사적 배경: 단일한 정체성

이제 고대 이집트를 보자. 이집트의 지형은 폐쇄적이다. 인간이 살 수 있는 곳은 오직 나일 강을 따라 늘어선 지역뿐이며 물을 얻을 수 있는 곳도 나일 강 뿐이었다. 나일 강을 벗어나면 곧 사막이요 죽음이다. 유프라테스 강과 티그리스 강은 수천 개의 지류로 나눠지고, 각 지류마다 흑해, 카스피해, 아나톨리아 남부 지방, 지중해, 이란 고원 등으로 다양하게 연결된다. 하지만 나일 강은 오직 하나의 강줄기뿐이며, 북부의 나일 강 삼각주를 통해 리비아, 지중해, 시리아-팔레스티나로 연결될 뿐이다. 이런 폐쇄적 지형은 일찌감치 '하나의 이집트인'이라는 단일한 정체성'을 만드는 데 기여했다. 이미 고왕국 시대에 온이집트의 역량을 총동원하여 거대 피라미드를 완성한 일 자체가 고대 이집트 전체를 아우르는 어마어마한 권력이 존재했음을 웅변한다.

> (이미 기원전 3천 년대에) ... '문화적 지역주의'(cultural regionalism)가 '완전히' 사라졌고 '이집트인'이라는 동질성의 집단이 출현했다.[24]

고대 이집트어가 셈어와 구별되는 언어라는 점도 이런 고대 이집트인의 정체성에 영향을 끼쳤을 것이다. 가족, 씨족, 지역 또는 왕권에 기반하지 않은 이

---

und seine Wurzeln", 72 n16.

24 주원준, 『인류최초의 문명과 이스라엘』, 103. 다음의 재인용이다. Kuhrt, *The Ancient Near East I: From c.3000 to c. 1200 BC*, 134.

런 '국가적 정체성'은 고대 이집트에서 탄생했다.

이미 기원전 4천 년대에 이런 정체성이 출현했다. 고대세계에서 "대개 정체성과 왕권은 가족, 공동체 또는 지역에 기반한 것이었다. 국가(nation state)—사람들이 공통의 정체성을 공유하는 정치적 영역—라는 개념은 고대 이집트의 발명품이다."[25]

그러므로 '고대 메소포타미아인'은 어느 시대에도 존재한 적이 없지만 '고대 이집트인'은 고왕국부터 고대근동 3천 년간 존재했다. 따라서 메소포타미아와는 달리 어느 정도 통일된 '고대 이집트적 죽음관 또는 저승관'에 대한 개념을 파악할 수 있을 것이다.

고대 이집트인들은 사후세계를 향한 독특하고 강렬한 열망을 보여준다. "이집트인들은 그들의 인격을 이루는 모든 육체적이고 영적 요소들이 사후(afterlife)에 생존하길 원했다."[26] 이런 특징은 고대 이집트 역사의 시작인 고왕국이 형성되기 이전의 유적부터 미이라의 초기형태가 발굴되고, 이어지는 역사에서 피라미드, 장제전, 지하분묘 등이 계속해서 이어지는 것에서도 확인된다. 고대 이집트인들이 죽음과 저승에 대해 지닌 가장 독특한 점은 현세를 상대화시켰다는 것이다.[27] 그들은 현세가 아니라 죽음 이후야말로 '완성'으로 이해하는 신학을 발전시켰다.

---

25 주원준, 『인류최초의 문명과 이스라엘』, 103. 다음의 재인용이다. Wilkinson, *The Rise and Fall of Ancient Egypt*, chap. 2, para. 1.
26 Lesko, "Death and the Afterlife in Ancient Egyptian Thought", 1774.
27 이집트인들의 이런 실천은 로마시대까지 지속적으로 실행되었다. Muller, "Afterlife", 32.

현세(죽음 이전)   - 내세(afterlife)
준비(preparation) - 완성(completion)

3.2.2. 사후세계의 특징

고대 이집트인들의 사후세계에 대한 개념을 보기 전에 주의할 점을 짚어야겠다. 첫째, 전해지는 자료의 상당수가 고대 이집트의 남부, 곧 상이집트에 편중되어 있다.[28] 둘째, 고대 이집트의 종교와 문화는 역사에 따라 크게 변하였는데 죽음관 또는 저승관에 대한 개념도 그렇다.

그리고 셋째가 중요한데, 전해지는 자료는 대부분 파라오, 왕족 그리고 귀족에 대한 것이다. 고대 이집트에서는 "현세만큼 내세에서도 불평등"하였다.[29] 그래서 왕족과 귀족에 관련된 문헌은 풍부한 편이지만, 평범한 사람들 또는 천민이나 노예들의 믿음에 대해서는 거의 알기 힘들다. 고대 이집트에도 서민용 공동묘지가 존재했고, 그곳에서 일부 작고 소박한 부장품이 출토되지만, 고고학적으로 의미있게 해석하기 힘든 수준의 것들이다. 사실 고대 이집트에서 사후의 영생을 위해서는 많은 것을 성취해야만 했다. 피라미드나 마스타바나 지하분묘 같은 큰 건축물을 지어야 하고, 그곳에 화려하고 풍부한 부장품을 넣어야 하고, 사후에 자신의 몸을 미라로 만들어 주고 정기적으로 의례를 바칠 부유하고 성실한 후계자가 있어야 했다.[30] 이는 평범한 사람들에겐 불가능한 것이다.

---

28 Lesko, "Death and the Afterlife in Ancient Egyptian Thought", 1763.
29 Muller, "Afterlife", 32. 또한 다음을 보라. Lesko, "Death and the Afterlife in Ancient Egyptian Thought", 1763.
30 Muller, "Afterlife", 32.

존재의 소멸을 막기 위한 육체의 보존

고대 이집트인들에게 죽음보다 나쁜 것은 존재의 소멸(nonexistence)이었다.[31] "죽음 이후의 삶"(living after death)은 현세의 삶과 그닥 다르지 않았다.[32] 죽은이들에게도 먹고 마시는 것이 중요했다.[33] 이와 같은 이유 때문에 고대 이집트인들은 육체를 보존하기 위해서 아주 열심히 노력했고, 화려한 무덤과 부장품을 준비했다. 얼마나 육체를 보존하기 위해 노력했냐면, 고대 이집트에서는 아무리 흉악범이라고 해도 참수형이 거의 이루어지지 않았다. 참수형은 오직 파라오의 명령으로만 이루어질 수 있는 것이었다.[34]

이에 대해 흥미로운 변화가 있다. 고왕국(기원전 약 27-22세기)과 중왕국(기원전 약 21-18세기)에서는 자살이 합리화되지 않았다. 아무리 현세의 삶이 힘들다고 하더라도 자살은 사회적으로나 종교적으로 수용되지 않았던 것이다. 하지만 신왕국(기원전 약 16-11세기)에서는 바뀌었다. 신체가 절단되는 참수형을 당하는 것보다는 차라리 자살로 육체를 온전히 보전하는 것이 나을 수 있다는 태도가 발행했다. 물론 이도 귀족이나 왕족에 국한된 일이었다.[35]

카, 육체, 바

그런데 고대 이집트인들은 왜 이토록 육체를 보존하기 위해서 노력했을까? 그것은 고대 이집트인들의 독특한 인간관 때문이다. 고대 이집트인들은 인간이 '카'(k3, ⎵)와 '바'(b3, 🕊)와 육체(ḥt)로 이루어져 있다고 생각했다. 그런데 카와

---

31 Lesko, "Death and the Afterlife in Ancient Egyptian Thought", 1766, 또한 1769.
32 Lesko, "Death and the Afterlife in Ancient Egyptian Thought", 1763.
33 Muller, "Afterlife", 32.
34 Lesko, "Death and the Afterlife in Ancient Egyptian Thought", 1766-7. 이곳의 참고 문헌을 보라.
35 Lesko, "Death and the Afterlife in Ancient Egyptian Thought", 1766.

바의 개념을 이해하는 것은 여간 어렵지 않다. 이에 대해서는 요시무라의 설명이 가장 쉽게 이해된다. 그 자신이 "무려 20년" 동안 이 개념을 이해하기 위해 집요하게 노력한 학자로서 나름대로 깨달은 바를 설명한 것이다.[36]

요시무라에 따르면 카는 사물의 본질이고, 인간이란 카에 바와 육체가 붙어있는 것으로 생각하는 것이 이해하기 쉽다. 카는 플라톤의 이데아(idea: 본질)에 비유할 수 있다. 돌칼이나 나무그릇을 예로 들어 보자. 돌이나 나무라는 재료에 '칼의 카'와 '그릇의 카'가 스며들어 나무그릇이나 돌칼이 존재하는 것이 아니다. 오히려 '그릇의 카(=본질)'에 나무라는 재료가 붙어서 '나무그릇'이 되고, 마찬가지로 '칼의 카'에 돌이 붙어서 '돌칼'이 존재하는 것이다. 그러므로 인간의 카에 육체가 붙어서 우리 인간이 존재한다. 그러면 '바'는 무엇인가? 그것은 개별 인격의 영혼이다(personality).

카의 상형문자를 보면 '뒤에서 힘껏 미는 두 팔'이다. 존재의 내부에서 어떤 존재를 존재하게 만드는 본질의 힘을 형상화한 것이다. 바의 상형문자는 '사람의 얼굴(!)이 달린 새'이다. 카와 육체가 결합한 곳에 새처럼 바가 날아와 결합하면, 인격을 갖춘 객체로서 살아있는 사람이 된다.

죽음이란 무엇인가? 카와 바와 육체가 흩어지는 것이다. 저세상으로 심판을 받으러 가는 존재는 개별적 인격, 곧 바다. 그런데 만일 바가 심판을 성

---

36 이어지는 설명은 다음을 보라. 요시무라, 『고고학자와 함께하는 이집트 역사기행』, 75-79. 일본학자 특유의 집요함이 인상적이다.

공적으로 통과하여, 곧 영생을 얻어서 돌아왔을 때 카와 육체가 결합해 있어야 하지 않겠는가? 바가 돌아와서 육체와 카가 없으면 바는 갈 곳이 없다. 그러면 영생도 불가하다. 그러므로 카를 붙들어두는 것이 중요하다. 하지만 육체가 없는데 카를 어디에 붙잡아 두나? 그래서 미라, 곧 제2의 육체를 만들어 두는 것이다.

바가 저세상으로 가서 심판을 받을 때까지 카를 붙들어두고 카에게 계속해서 먹을 것과 마실 것을 마련해 두는 것이 이집트의 무덤이요 부장품이다. 요시무라는 "여기서 잊지 말아야 할 것은 인간만이 아니라 그런 물건들도 결국 본질은 카라는 점이다. 식기를 예로 들면, 먼저 식기의 카가 있고 거기에 식기의 형태가 붙어 있는 셈이다. 따라서 제2의 육체 옆에 식기를 놓아 두면, 사자의 카는 식기의 카를 사용하고 음식물의 카를 먹는 일이 가능한 것이다."[37]

이렇게 그는 이집트의 사상을 '카'를 중심으로 생각하는 것이 이해가 빠르다고 한다. 그리고 플라톤이 바로 여기에 영향을 받아 "카를 이데아로 번역했다"고 주장한다.[38] 플라톤이 스승 소크라테스의 죽음으로 충격을 받아 절망 속에 그리스를 떠나 이집트 등으로 여행을 했고, 그 이후 새로운 철학을 구상한 것은 잘 알려져 있다.

사후 세계 여행 안내서(guidebook)와 심판

사후 세계에 어떻게 다다르는지에 대해서 본디 고대 이집트의 관점은 다양한 것 같다. 그런데 고왕국 시대부터 파라오 왕족 등은 죽어서 태양선(solar bark)을 타고 여행한다는 본문이 확산되었다. 그리고 중왕국 시대에 코핀 텍스트(Coffin Text, 관본문)부터 평범한 사람들도 태양선을 타고 여행하는 관념이 확

---

37 요시무라, 『고고학자와 함께하는 이집트 역사기행』, 78.
38 요시무라, 『고고학자와 함께하는 이집트 역사기행』, 79.

산되었다. 이를 태양선 여행의 "민주화"라고 한다.[39]

태양선이 중간에 들르는 곳은 이아루(j3rw),[40] 곧 '봉헌물의 밭'(Field of Offerings)이나 '갈대 밭'(Field of Reeds)으로 묘사된다. 그곳은 서쪽에서 하늘과 땅이 맞닿는 곳이며 죽은이들이 오시리스를 위해 농작물(=봉헌물)을 키우는 곳이다.[41] 이집트 문헌 가운데는 "죽은 임금이 '나는 갈대 호수에서 레와 함께 목욕을 했다'고 말한 것도 있고, '레는 갈대밭에서 목욕을 했다'는 것도 있다."[42]

이후 신왕국을 거치며 태양선 여행 코스는 훨씬 다채롭게 묘사되었다. 그리고 제3중간기를 거치며 태양선을 가로막는 괴물 등이 다양하게 출현하였다. 고왕국부터 태양선의 경로는 하늘의 여신인 누트(Nut)를 따라 동에서 서를 향하였다.[43] 고왕국부터 안내서의 목적은 태양선과 그 여행을 자세히 묘사하는 것이 아니라, 대부분 영혼이 무사히 돌아오기를 염원하는 주문(spell)으로 채워졌다는 점은 참고되어야 한다.

죽은 영혼은 지혜의 신 토트(Thoth)의 재판을 받는다. 토트 옆에는 괴물이

---

39 Lesko, "Death and the Afterlife in Ancient Egyptian Thought", 1768.
40 고대 이집트어로 '갈대'라는 뜻이다.
41 Lesko, "Death and the Afterlife in Ancient Egyptian Thought", 1768.
42 맥컬리,『고대근동 신화와 성경의 믿음 – 성경이 수용한 고대근동 신화』, 63. 이런 신화적 표상에 따라 이집트 군대가 갈대바다에 빠진 사건을(탈출 15,4) 새롭게 볼 수 있다. 이집트 임금은 갈대바다에서 레와 함께 목욕을 하고 새로 태어나야 하지만, "야훼님의 바람으로 심연이 성나 일어난, 바다의 전투에서 이집트인들은 목욕을 한 것이 아니라 갈대 호수에 빠져 죽은 것이다." 맥컬리,『고대근동 신화와 성경의 믿음』, 88. 갈대는 축축한 습지에서 자라므로 갈대밭과 갈대바다는 같은 말이다. "이집트인들은 태양신과 함께 목욕하기를 갈망했다. 특히 (태양신의 배를 타고) 어두움을 함께 여행한 다음 갈대 호수에 이르러 그 호수에 몸을 담가 재탄생(해돋이)하길 원했다. 그러나 여기 탈출 14—15장에서 갈대 바다는 야훼라는 '신적 전사에 의해서 이집트의 힘이 정복되는 곳이다." 맥컬리,『고대근동 신화와 성경의 믿음』, 102.
43 Lesko, "Death and the Afterlife in Ancient Egyptian Thought", 1768-9.

있는데 문헌에 따라 조금씩 다르고, 대개 하마, 악어, 뱀 등에서 형상화한 것이다. 이런 괴물은 죄가 있는 자를 처벌한다. 죄를 지은 자는 존재가 소멸하거나 강속에 가라앉는다. 역시 이런 심판에 관한 본문도 대부분은 주문으로 채워져 있다.

3.2.3. '죽음의 의인화'는 없다

다시 이 논문의 논지로 돌아오자. 고대 이집트는 여러모로 고대 메소포타미아와 대조적이다. 고대 이집트는 이미 고왕국부터 드넓은 영토를 통일하는 단일한 정체성을 갖추었고 죽음과 저승에 대해서도 일관된 면을 보인다. 그들은 사후의 생을 완성으로 생각하고 현세를 상대화시키는 종교를 발전시켰다. 그리고 영혼이 돌아와 육체가 부활할 수 있기를 갈망하였다. 죽음과 저승에 대한 기본적인 구도는 고대 이집트 3천 년 동안 크게 바뀌지 않았지만, 후대로 갈수록 더 구체적이고 화려해지는 경향이 있다고 할 수 있다.

필자는 이렇게 '내세를 지향하는' 독특한 이집트의 종교적 태도가 유배 이전 시기 이스라엘에 거의 영향을 주지 못했다는 점이 무척 흥미롭다. 고대 이스라엘은 오히려 현세에서 하느님의 역사적 개입을 증언하고 윤리적인 가르침을 발전시켰다. 고대 이스라엘에 '내세' 개념이 본격적으로 등장한 것은 페르시아 시대 이후로서, 페르시아의 종교가 영향을 끼친 결과로 널리 인정된다. 그리고 고대 이집트에서도 죽음의 신은 의인화되지 못했다. 고대 이집트의 수많은 신들이 존재하지만 죽음 그 자체가 의인화되지 않은 점도 특이하다.

3.3. 시리아-팔레스티나의 이스라엘

3.3.1. 역사적 배경: 신흥지역

고대 메소포타미아와 고대 이집트는 기원전 4천 년대부터 문자생활이 시작되었지만, 그 사이에 자리잡은 시리아-팔레스티나는 기원전 2천 년대부터 역사에 등장한다. 이 지역은 고대 메소포타미아의 영향을 크게 받았다. 고대 메소포타미아 문명은 남부를 중심으로 발달한 수메르 문명이 점차 북쪽으로 확장되다가 기원전 3천 년대에 아나톨리아 반도로, 기원전 2천 년대에 본격적으로 시리아-팔레스티나로 확장되었다. 그래서 '신흥지역'인 아나톨리아 반도와 시리아-팔레스티나 지역의 문명은 수메르-아카드 문명이 꽃핀 비옥한 반달지대의[44] 중심부를 문명의 '표준'으로 인식했다.

> 이들은 중심부를 의식했고, 수메르-아카드 문명을 수용했다. 일부는 비옥한 반달지대의 중심부로 진출하기를 원했다. 전통의 지역이든 신흥지역이든 생존과 번영을 지향한다는 점은 같았고 서로 끝없이 경쟁했다. 두 지역의 관계가 일방적이기만 한 것은 아니었다.[45]

필자는 이제 시리아-팔레스티나 지역의 기원전 2천 년대 자료와 구약성경의 자료를 중심으로 살펴보겠다. 기원전 1천 년대 시리아-팔레스티나 지역에 나라를 건설한 이스라엘은 이 지역의 기원전 2천 년대 전승을 잇는다. 하지만 주의할 점이 있다. 기원전 2천 년대 이전의 "도시국가, 임금의 이름, 그들의 경쟁, 역사적 주요 사건"[46] 등을 구약성경에서는 거의 찾아볼 수 없다. 그러므로 이런 연구는 '이스라엘 이전'(vorisraelitisch) 시리아-팔레스티나의 자료와 이스라엘의 자료를 비교연구하는 성격을 띠고, 성경 밖의 자료와 성경의 자료를 함

---

44 '비옥한 초승달 지대'를 '비옥한 반달지대'로 부르는 것에 대해서 다음을 보라. 주원준, 『인류최초의 문명과 이스라엘』, 28-29.
45 주원준, 『인류최초의 문명과 이스라엘』, 131.
46 주원준, 『인류최초의 문명과 이스라엘』, 131.

께 연구하는 성격도 띤다. 기원전 2천 년대 시리아-팔레스티나의 죽음에 대해 가장 풍부한 자료는 우가릿 문헌에서 찾을 수 있다.

3.3.2. 라파임: 저승에 모여 잠든 조상들[47]

시리아-팔레스티나 지역에서도 고대근동의 '3층 우주론' 곧 우주가 '하늘과 땅과 지하'로 이루어졌다고 믿었다. 하늘은 신들이, 지상은 인간이 살았다. 땅(=지하)은 저승이요 죽은이들이 가는 곳이었다.

아래 인용문은 바알이 전령신에게 명령을 내리는 장면으로 모투와 저승의 모습을 상세히 묘사한다. 전령신은 죽음의 신 모투에게 바알의 메시지를 전해야 한다. 모투가 사는 저승은 "땅에 매어있지 않은 집"(bt ḫptt arṣ)이다. 후무라야(Humuraya)는 "깊은 구덩"이란 뜻이니[48] 지하는 깊은 구덩 속에 있는 도시다. 저승은 태양신 샵슈(Šapšu)가 빛을 잃고 하늘이 컴컴한 곳이다. 저승을 다스리는 임금은 모투이고 "땅의 구덩이", 곧 저승은 그의 상속지다. 모투의 무기는 큰 입과 이빨이다.

> 그리고 '**땅에 매어있지 않은 집**'으로 내려가거라!
>   **땅에 내려간 사람들로 헤아려져라.**
> 그리하여 이제, 얼굴을 돌려라! (10)
>   **후무라야의 도시들** 사이로.
> 자, 그의 권좌는 그의 왕위다.
>   **그의 상속지는 땅의 구덩이다.**
> 하지만 주의하라, 신들의 종이여! (15)

---

47   3.3.2-3.3.4은 주원준, 『바알 - 힘, 돈, 성의 평범한 매혹』의 2부 6장의 내용과 거의 같다.
48   Dietrich/Loretz, "Der Baal-Zyklus KTU 1.1-1.6", 1171 n144.

엘의 아들 모투에게 가까이 가지 마라!
그가 너희를 **그의 입술에** 어린양처럼 박아넣지 못하게 하라.
　　너희들은 **그의 갈대의 이빨에**[49] 어린 염소처럼 부수어질 것이다.　　(20)
신들의 빛 샾슈는 검붉어졌고
　　엘의 사랑받는 자, 모투의 손으로 **하늘은 더럽혀졌네**.　　(KTU3 1.4:VIII:7-24)

죽는 것은 저승으로 내려가는 것이었다. 위 둘째 행과 아래 시편 88,5는 긴밀히 병행한다.

저는 구렁으로 내려가는 이들과 함께 헤아려지고
기운이 다한 사람처럼 되었습니다.　(시편 88,5)

라피우마

"사람이 죽으면 땅으로 내려가고, 그곳에서 그들의 조상과 함께 모여있다."[50] 결국 저승은 죽은이들이 모여 잠든 곳이다. 그런데 이렇게 죽은 조상을 지칭하는 말이 "라피우마"(*rpum*), 곧 "치유자들"이다.

우가릿 문헌은 죽은 조상을 대개 '죽은 자들'(*mtm*)이라고 칭했지만, 또한 *rpum* "죽은이의 영, 또는 라피우마"로도 불렀다. 이들은 "신적 존재들"(*ilnym*), 또는 "(저승의) 신들"(*ilm arṣ*)이라고도 했다. 이런 호칭은 죽은이를 기본적으로 긍정적인 권능을 지닌 존재로 보았음을 잘 드러낸다. 물론 그렇다고 죽은이의 영

49　여기서 '갈대'는 '목구멍'을 의미한다.
50　Hutter, *Religionen in der Umwelt des Alten Testaments I - Babylonier, Syrer, Perser*, 150.

에 두려움을 느꼈고 그들과 마주치지 않기를 바랐다는 점을 배제하는 것은 아닙니다.[51]

라피우마, 곧 (신격화된) 조상들은 왕가(王家)와 긴밀한 관계에 있어, 왕조의 안녕을 청했다. 사람들은 라피우마에게 후손, 병에서 치유 그리고 왕가의 지속을 염원했다. … 왕가의 조상들에게 왕조의 안녕을 기원하는 것은 에블라에서 우가릿까지 연속됨을 알 수 있다. 또한 왕족이 아닌 자도 조상에게 제사를 드렸는데, 그것은 남성 상속자의 의무였다.[52]

우가릿어 라피우마는 히브리어 '르파임'(רפאים)에 해당된다. 형태는 복수형이지만 단수로 취급되는 낱말이며(Plurale tantum) 구약성경에 25번 나온다. 히브리어 '라파'(רפא) 동사는 '치유하다'를 뜻한다. 능동 분사형인 '로페'(רפא)는 '의사'라는 뜻으로 자주 쓰인다.

르파임은 구약성경에는 문학적 장르에 따라 그 의미가 다르게 나오고, 그에 따라 『성경』(cbck)도 '그림자', '죽은 자', '혼백', '죽음', '망령', '라파인', '르파임족', '르파임' 등으로 다양하게 옮겼는데, 르파임을 '먼 옛날 죽은 조상들'로 이해하면 모두 쉽게 이해된다.[53] 이 점에서 구약성경은 시리아-팔레스티나의 종교적 전승을 잇는 점이 분명하다. 우선 르파임의 의미를 가장 잘 드러낸 구절은 아래 이사야서다.

---

51 Hutter, *Religionen in der Umwelt des Alten Testaments I - Babylonier, Syrer, Perser*, 150.
52 Hutter, *Religionen in der Umwelt des Alten Testaments I - Babylonier, Syrer, Perser*, 153.
53 특히 '르파임'을 옮긴 다양한 낱말은 괄호 안에 『성경』(cbck), 『공동번역』, 『표준새번역』 순으로 실었다. 다음을 보라. 주원준, "구약성경의 잡귀잡신들 8 – 조상 1", 15.

> 땅 밑 저승은 너를 위하여
> 너의 도착을 환영하려고 소란을 떨며
> 너를 위하여 **세상의 수령이었던** 르파임(그림자들)을 모두 깨우고
> **민족들의 임금을** 모두 그 왕좌에서 일으켜 세우는구나.
> 그들이 모두 너에게
> "너도 우리처럼 허약해졌구나.
> 너도 우리와 똑같이 되었구나." 하고 말하네. (이사 14,9-10)

이렇게 르파임은 "세상의 모든 수령"(כל־עתודי ארץ)이었고, "민족의 모든 임금"(כל מלכי גוים)이다. 르파임은 오래 전에 죽어 저승에 잠든 시리아-팔레스티나 지역의 임금으로서, 저승에 도착한 새 임금들을 맞이한다. 아래 구절에서도 오래 전에 죽어 저승에 있는 사람들이란 의미로 쓰였다.

> 죽은 자들은 이제 살아나지 못하고
> 르파임(그림자들; 죽은 사람; 사망한 그들)은 이제 일어서지 못합니다.
> 정녕 당신께서는 그들을 벌하여 멸망시키시고
> 그들에 대한 기억도 모두 없애 버리셨습니다. (이사 26,14)

> 당신의 죽은 이들이 살아나리이다. 그들의 주검이 일어서리이다.
> 먼지 속 주민들아, 깨어나 환호하여라.
> 당신의 이슬은 빛의 이슬이기에
> 땅은 르파임(그림자들; 죽은 넋; 죽은 자들)을 다시 살려 출산하리이다. (이사 26,19)

> 죽은 이들에게 당신께서 기적을 이루시겠습니까?
> 르파임(그림자들)이 당신을 찬송하러 일어서겠습니까? (시편 88,11)

> 르파임(그림자들; 그림자; 죽은 자들)이 몸서리치네,
> 물 밑에서 그 주민들과 함께. (욥 26,5)

르파임은 잠언에 세 번 등장하는데 비유적으로 쓰였다. 지혜의 길을 걷지 않는 자는 생명에 이르지 못하고 죽음을 맞을 것이니, 이를 '르파임에 이른다', '르파임의 모임에 합류한다'고 한다.

> 그 여자의 집은 죽음 속으로 빠져 들고
> 그 길은 르파임(죽은 자들; 죽음의 그늘진 곳; 죽음)에게 이른다. (잠언 2,18)

> 그러나 어리석은 이는 그곳에 르파임(죽은 자들; 죽은 혼백; 죽음)만 있음을,
> 그 여자의 손님들이 저승 깊은 곳에 있음을 알지 못한다. (잠언 9,18)

> 지성의 길에서 벗어나 헤매는 사람은
> 르파임(죽은 자들; 저승 사람; 죽은 사람들)의 모임에 자리를 잡는다. (잠언 21,16)

그런데 신명기에서는 이들을 마치 역사의 민족처럼 묘사한다.

> 전에는 그곳에 엠인들이 살았는데, 그들은 우람하고 수가 많았으며 아낙인들처럼 키가 컸다. 그들은 아낙인들처럼 라파인(רְפָאִים)으로도 알려졌으나, 모압인들은 그들을 엠인이라 하였다. (신명 2,10-11)

왜 이렇게 묘사할까? (라피우마는 죽은 왕들이니) "현재의 임금들은 모두 라피우마의 자손들이다. 그런데 신명기계 신학자들은 여러 차례에 걸쳐 이런 신화적 존재를 마치 실제의 민족명처럼 사용한다('라파인' 신명 2,11.20; 3,11). 아마도

이 고대의 신화는 신명기 신학자의 시대에 이미 잊혀졌거나, 고대 근동의 역사 서술에서 문제 없이 통용되던 관행으로 이해할 수 있다."[54]

죽다 = (저승으로) 내려가다

고대근동의 3층 우주론과 르파임을 이해하면, 죽는 것을 '저승으로 내려가다', '조상들과 함께 잠들다'고 표현하는 것이 이상할 게 없다. 구약성경에는 이런 표현이 풍부하게 등장한다. 이런 표현들 모두 시리아-팔레스티나의 전승을 잇는 것이라고 할 수 있다.

아니다. 나는 슬퍼하며 저승으로 내 아들에게 내려가련다. (창세 37,35)

내가 조상들과 함께 잠들게 되거든 나를 이집트에서 옮겨 그분들의 무덤에 묻어 다오. (창세 47,30)

주님께서 모세에게 말씀하셨다.
"자, 이제 너는 조상들과 함께 잠들 것이다." (신명 31,16).

다윗은 자기 조상들과 함께 잠들어 다윗성에 묻혔다. (1열왕 2,10)

솔로몬은 조상들과 함께 잠들어 자기 아버지 다윗의 성에 묻히고 (1열왕 11,43)[55]

---

54 주원준, 『신명기』, 73. 다음을 참조하라. 창세 14,5; 여호 17,15.
55 이 밖에도 1열왕 14,20.31; 2열왕 8,24; 9,28; 2역대 26,2.23; 잠언 5,5; 7,27; 에제 31,15-17. 더 자세한 설명은 다음을 보라. 주원준, 『구약성경과 신들』, 86-87.

3.3.3. 죽은 이를 불러 올리다

후손들은 죽어서 저승에 잠든 라피우마에게 정기적으로 제사를 드려야 했고, 때로는 불러낼 수도 있었다. 이런 '사자소환의식'(necromancy)을 우가릿어로 '마르지후'(marziḥu) 제사라고 한다. 이른바 '라피우마 문헌'(KTU 1.20-22), '저승의 맹세'(KTU 1.161)와 기타 문헌(KTU 1.124)에 나타난 바를 요약하여 마르지후 제사를 재구성하면 다음과 같다.[56]

임금 다닐루(Danilu)는 마르지후 제사를 열고, 죽은 조상들, 곧 라피우마를 부른다. 라피우마 무리를 이끄는 자는 우가릿 왕조의 창시자 디다누(Didanu)다. 곧 우리의 단군 할아버지에 견줄 만한 시조의 영도하에 지하에 함께 살던 조상신들이 일으켜지는 것이다.

라피우마를 불러 올린 목적은, 대를 이을 아들을 구하는 것이었다. 그 밑바탕에는 왕국의 안녕을 위해 라피우마의 보호와 권능을 청하자는 생각이 깔려 있다. 그러자 '노인'의 모습을 한, 백발의 라피우마는 죽은 임금들을 일일이 거론하고 현 임금의 통치를 정당화한다. 이어 일곱 날 동안 연회가 열리고 나서 왕조와 나라의 안녕을 빈다. 연회의 장소는 아마 무덤(입구)으로 보인다. 이렇게 조상을 깨워 땅에서 불러 올리는 의식의 목적은 ① 조상신의 보호를 청하고, ② 현 임금의 권력을 정당화하며, ③ 신의 축복을 구하는 것으로 요약할 수 있다.

다른 문헌(KTU 1.108)에서는 '저승의 임금 라피우마'(rpu mlk ʿlm: 또는 '영원의 임금 라피우마')라는 정식 호칭을 볼 수 있다. 또한 아들의 의무로 '조상의 상'을 세우고, '제기'를 마련할 것을 언급하는 문헌도 있다(KTU 6.13; 6,14 다가누 신상).[57]

---

56 이어지는 내용은 주원준, "구약성경의 잡귀잡신들 8 - 조상 1", 17-18.
57 사울이 죽은 사무엘을 불러 일으키는 1사무 28장의 이야기를 이 고대 시리아-팔레스티나의 사자소환의식에 비추어 해석할 수 있다. 하지만 이 이야기는 철저히 야훼 신앙으로 재해석되었다. 사무엘이 죽어서도 야훼 하느님에 충실한 모습은(1사무 28,16-19) 야훼 하느님이

죽음과 관련된 모티프도 마찬가지다. 이스라엘은 기원전 2천 년대 시리아-팔레스티나의 종교적 전승을 풍부히 계승하지만, 모든 최고의 궁극적 권능은 야훼 하느님으로 돌리는 독특한 신앙을 보여준다. 생명을 거두어 저승으로 내려보내는 권능도, 죽은이를 다시 끌어올리는 권능도 모두 야훼 하느님만이 하실 수 있는 일이다.

당신은 생명과 죽음을 주관하시는 권한을 가지신 분,
저승 문으로 내려보내기도 하시고 끌어 올리기도 하십니다. (지혜 16,13)

3.3.4. 죽음의 신과 비긴 바알

이제 죽음의 의인화라는 주제로 돌아가자. 시리아-팔레스티나 지역의 기원전 2천 년대 문헌에는 죽음 그 자체가 의인화되어 등장한다. 고대근동에서 죽음 그 자체가 의인화되어 등장하는 것은 오직 이 지역뿐이니 시리아-팔레스티나는 '죽음의 신의 고향'이라고 할 수 있다. 사실 시리아-팔레스티나 지역에서도 죽음의 신 모투는 퍽 적은 문헌에서 언급된다. 우가릿의 『바알 신화』가 가장 상세하게 전하는 문헌이다. 『바알 신화』에서 바알은 혼돈의 신 얌무를 꺾고 나서 죽음의 신 모투와 대결한다. 죽음의 신과 전면적으로 대결한 모티프도 결국 기원전 2천 년대 시리아-팔레스티나에서 기원한 전승이다.

모투는 죽음의 신으로서 저승을 다스린다. 바알은 저승으로 내려가 싸웠지만 모투에 패배해서 저승에 갇혀 죽었다. 승리한 모투는 잔치를 베풀었다.[58]

저승도 다스리신다는 것을 의미한다. 이는 살아있는 임금으로서 하느님을 배반한 사울을 극명하게 대치시켜 신명기 신학의 핵심 메시지를 잘 전달한다. 이렇게 고대근동의 신화적 모티프를 탈신화(Entmythologisierung)시켜 고유한 야훼 신앙으로 재신화(Remythologisierung)하는 신학적 방법론은 구약성경에 쉽게 볼 수 있다. 주원준, 『구약성경과 신들 - 고대근동 신화와 고대 이스라엘의 영성』, 18-27.

한편 최고신 엘은 죽은 바알을 위해 애도의 의례를 행했다. 아나투도 거의 같은 의례를 행했다.[59]

> 그러자 선하시고 자비로우신 엘이 내려왔다.
> > 왕위에서 (내려와) 발판으로 앉았다.
> > 그리고 발판에서 (내려와) 땅으로 앉았다.
> 그는 슬픔의 지푸라기를 그의 머리에 부었다.
> > 잿더미에서 뒹군 먼지를 그의 정수리에 (부었다).
> > 그는 허리끈으로 상복(喪服)을 가렸다.
> **돌로 살갗을 긁어 찢었다.**
> > **두 굴곡을 칼날로 (긁어 찢었다).**
> > **두 볼과 턱에도 상처를 냈다.**
> **그의 팔의 갈대에 도랑을 팠다.**
> > **마치 정원처럼 심장의 코에[60] 쟁기질했다.**
> > **마치 골짜기처럼 늑골에 도랑을 팠다.** (KTU3 1.5:VI:11-25)

엘과 아나투의 의례 가운데 슬픔의 지푸라기를 머리에 붓고 먼지를 정수리에 붓고 상복을 입는 것은 구약성경에도 나온다.[61] 그리고 몸에 상처를 내는 것도 역시 구약성경에 나온다. 카르멜 산의 전투 가운데 아래의 대목은 일종의 '바알 부활 의식'과 관련이 있을 것 같다. 그리고 신명기의 규정도 이와

---

58 KTU³ 1.5:VI:13-.
59 KTU³ 1.6:I:1-5.
60 '팔의 갈대'(qn . drʻh)는 '상박'을, '심장의 코'는 '가슴'을 의미한다.
61 물론 여기에 나오는 모든 단어가 확실하게 밝혀진 것은 아니고 추론에 기반한 것도 있다. 면밀한 검토가 필요하다. 예레 9,21; 아모 2,13; 즈카 12,6; 예레 6,26; 25,34 등.

관련 있을 것 같다.

> (바알을) 큰 소리로 부르며, 자기들의 관습에 따라 피가 흐를 때까지 칼과 창으로 자기들 몸을 찔러 댔다. (1열왕 18,28)

> 죽은 이를 위하여 제 몸에 상처를 내거나 앞머리를 밀어서는 안 된다. (신명 14,1)

이렇게 바알은 죽음의 신 모투에 패배했다. 바알이 죽자 아나투는 바알의 장례를 성대하게 치르고 나서 바알을 몹시 그리워하였다.[62] 결국 아나투는 저승으로 내려갔다. 그녀는 모투를 찾아가 바알을 돌려달라고 요구했다.

> 그녀는 모투의 옷자락을 잡았다.
>   그녀는 의복의 가장자리를 잡고 그를 위협했다.[63]
> 아나투는 그녀의 목소리를 높여 외쳤다.
> "너 모투여, 내 형제를 (돌려) 달라!" (KTU³ 1.6:I:9-12)

하지만 모투는 이 요구를 단칼에 거절했다. 그러자 아나투는 갑자기 모투를 죽였다.

> 그녀는 엘의 아들 모투를 잡았다.
> 그녀는 칼로 쪼갰고

---

62 KTU³ 1.6:I:4-10, II:9-31.
63 Dietrich/Loretz에 따르면 옷자락의 끝을 잡는 것은 항의의 표시였다. 1사무 15,27. Dietrich/Loretz, "Der Baal-Zyklus KTU 1.1—1.6", 1189 n25.

죽음의 신의 고향에서 영원한 승리를!

> 그녀는 키로 그를 까부렸고
> 그녀는 불꽃으로 그를 태워버렸고
> 그녀는 맷돌로 그를 잘게 갈았고
> 그녀는 들에 그를 뿌려버렸다
> 그의 살을 오 새들이 먹었고
> 그의 사지(四肢)를 날개달린 것들이 끝장냈다.
> 살이 살에게 울부짖었다. (KTU³ 1.6:II:30-37.)

농경과 조장(鳥葬)의 모티프가 섞여서 쓰인 이 대목이 『바알 신화』에서 가장 이해하기 어려운 부분이다. 이 신화에서 최고신은 일루(ilu = אל)다. 바알과 얌무와 모투는 그 다음 계급을 이루는 신으로 이 신화의 주연과 조연을 맡았다. 아나투는 그보다 더 낮은 하위신인데 아나투가 모투를 이렇게 간단하게 그리고 철저하게 죽인다는 것은 참으로 이해하기 어렵다. 이렇게 쉽게 죽을 모투라면, 아나투보다 훨씬 강한 바알은 왜 바로 앞에서 모투에게 패배했을까?

하지만 이 신화에서 더욱 어려운 점은 이 뒤에 죽은 모투가 멀쩡하게 다시 나온다는 점이다. 아나투가 모투를 죽이자 최고신 엘은 바알의 부활을 선포했다.[64] 그리고 바알은 다시 권좌에 앉아서 세상을 다스린다. 바알이 권좌를 되찾은지 일곱 해가 지나자 갑자기 모투는 자신이 바알 때문에 치욕을 겪었다며 바알을 도발한다. 저승에서 나와 사람들을 모두 죽이겠다는 것이다. 앞에서 분명히 죽은 모투가 여기서 어떻게 살아있는지에 대해서 이 신화 본문은 아무 말도 없다. 이 부분은 본문이 훼손되지도 않았다.

> 날들에서 달들로

---

64 KTU³ 1.6:III:10-21.

달들에서 해들로 (흘러갔다).
자, 일곱째 해에
엘의 아들 모투는 분노했다.
위대하신 바알에 맞서서.
그는 목소리를 높여 외쳤다.
"너 때문에 바알이여, 나는 치욕을 겪었다.
너 때문에 나는 칼로 까불림을 겪었다.
너 때문에 나는 불로 태움을 겪었다.
너 때문에 나는 맷돌로 갈아버림을 겪었다.
너 때문에 나는 체로 걸러짐을 겪었다.
너 때문에 나는 들에서 말라버림을 겪었다.
너 때문에 나는 바다에 씨뿌려짐을 겪었다.
네 형제들 가운데 하나를 다오, 내가 먹어버리리라.
그래야 타오르는 내 분노가 잦아들리라.
만일 네 형제 가운데 하나를 주지 않겠다면
보라! 나는 …
… 사람들의 아들들을 먹어 버리리라.
땅의 무리들을 먹어 버리리라. (KTU3 1.6:V:7-25)

모투와 바알은 이제 최후의 결전을 치른다. 두 신은 용호상박의 결투를 벌였다. 그리고 이 결투에서 결국 바알은 승리하고 모투는 바알의 승리를 선언한다. 그리고 잔치를 베풀며 이 이야기는 끝을 맺는다.

엘의 아들 모투는 두려웠다.[65]
엘의 총애받는 이, 영웅은 무서웠다.

> 모투는 그녀의[66] 소리에 두려웠다.
> 그는 목소리를 높여 외쳤다.
> "바알은 그의 왕국의 왕위에 앉혀져야 하리라.
> 평안에, 그가 지배하는 권좌에
> …" (KTU3 1.6:V:7-25.)

우리는 현재 토판의 상태로 모투의 생사를 알 수 없다. 그리고 과연 누가 이겼는지도 애매하다. 바알은 모투에 패하여 죽었지만 조력자의 힘으로 부활하였고 모투와 겨루었다. 모투는 바알을 죽였지만 바알의 조력자에게 죽임을 당했다. 모투가 부활했다는 말은 없다.

오히려 바알과 모투의 싸움은 마치 바둑의 '빅'이라는 규칙처럼 누가 승자랄 것도 없이 교착상태(stalemate)로[67] 끝나버린 것 같다. 다른 고대근동 신화와 비교할 때, 바알의 왕권은 상대적으로 약하게 묘사된다.[68]

모투가 죽지 않는다는 것은 어떤 의미일까? 죽음의 신은 이미 죽었어도 완전히 죽을 수 없다는 철학적 의미로 해석할 수도 있을 것이다.[69] 위에서 본 대

---

65 고대근동에서는 전투에서 두려운 마음이 드는 것은 이미 패배한 것으로 이해되었다. 신명 2,25; 20,1-4.
66 여기서는 아나투가 아니라 샵슈를 가리킬 것이다. 이 중간에 태양신 샵슈가 두 신 사이에서 두 신 모두에게 외치는 장면이 있기 때문이다.
67 Smith, *The Ugaritic Baal Cycle, Vol. I*, 105.
68 주원준, 『바알 - 힘, 돈, 성의 평범한 매혹』의 2부 6장.
69 다음을 참조하라. 계절의 순환을 반영한 의례본문으로 읽는 논문이지만 죽음이 죽어야 생명이 산다는 관찰과 해석은 흥미롭다. Watson, "The Death of 'Death' in the Ugaritic Texts", 64. 다음 책의 2부 6장도 참조하라. 주원준, 『바알 - 힘, 돈, 성의 평범한 매혹』.

로 이 신화에서는 자연의 '순환'을 알려주는 구절은 없다. 분명한 것은 이 신화에서 바알은 적수를 완전히 제압하지 못하고 제한된 승리를 누릴 뿐이라는 점이다.[70] 스미스는 슈톨즈(F. Stolz)를 인용하여 이렇게 죽음을 완전히 제압하지 못하는 바알의 "제한된 등극"(the limited exaltation)은 "고대근동 세계에서 거대한 권력 사이에 놓인 우가릿의 정치적 상황"을[71] 반영한 것이라고 평가했다.

이상의 관찰을 기반으로 바알과 모투 대결이 조금 더 분명하게 보인다. 죽음의 신 모투는 우가릿을 다스리는 바알의 왕권을 위협하는 가장 두려운 존재다. 젊은 임금 바알은 죽음에 맞서 생명과 질서를 지키는 존재이지만, 모투를 완전히 제압할 힘이 없다. 바알은 아나투의 활약과 엘의 승인으로 간신히 모투를 꺾지만, 그의 승리가 완전하고 영원해 보이지는 않는다. 모투는 여전히 살아 있고, 바알은 죽음의 신의 도전을 계속해서 이겨내야 한다. 이런 관찰에 기반하면 완전한 승리를 쟁취할 수 없는 약소국의 처지가 반영된 것이라고 해석할 수도 있을 것이다. 아나투 같은 강한 전사와 상왕(上王) 같은 엘의 승인을 받아야만 죽음의 세력을 물리치고 임금의 자리를 유지할 수 있는 바알이다. 하지만 그는 죽음과의 대결을 두려워하지 않고 용감히 맞서 승리의 잔치를 여는 매력적인 모습으로 그려진다.[72]

다시 죽음의 신으로 돌아오자. 죽음 그 자체가 의인화된 고대근동 문헌은

---

70 주원준, 『바알 - 힘, 돈, 성의 평범한 매혹』, 2부 6장을 참조하라. 그동안 『바알 신화』를 '계절의 순환을 반영한 의례 본문'이라는 해석과 '고대근동 창조신화의 본문'이라는 해석이 있었다. 하지만 최근에는 이 신화에 '사회·역사적 체험과 성찰'이 반영되었을 것이라는 해석이 힘을 얻고 있다.

71 Smith, *The Ugaritic Baal Cycle, Vol. I*, 105.

72 주원준, 『바알 - 힘, 돈, 성의 평범한 매혹』, 5부 2장.

매우 적다. 오직 고대 시리아-팔레스티나의 기원전 2천 년대 문헌에서만 볼 수 있는데 『바알 신화』가 죽음의 신을 가장 풍부하게 증언하는 문헌이다. 시리아-팔레스티나 지역이 고대근동의 신흥지역이고 전반적으로 후발주자라는 점을 고려해 보면, 이는 시리아-팔레스티나 지역의 독특한 점이라고 할 수 있다. 고대근동의 방대한 문헌들 가운데 오직 시리아-팔레스티나 지역의 신화에서 죽음의 신이 중요인물로(Figur) 등장한다. 굴데(Gulde)는 시리아-팔레스티나 지역의 신화는 '개인의 죽음'이나 '인간의 죽음'이나 '죽음 이후의 세계'에 관심이 거의 없고, 오직 '죽음의 신의 권능'에 초점을 맞춘다고 보고한다.[73]

4. 구약성경의 유일성

4.1. 시리아-팔레스티나의 전승

이집트 탈출 사건이 람세스 2세(기원전 1279- 1213년경) 치하에서 일어났고 사울과 다윗이 대략 기원전 10-9세기에 나라를 세웠으니, 고대 이스라엘은 기원전 1천 년대에 시리아-팔레스티나에 건국되고 발전된 실체임이 분명하다. 고대 이스라엘은 언어적으로나 문화적으로나 역사적으로 기원전 2천 년대 시리아-팔레스티나의 전승에서 자유로울 수 없다.

시리아-팔레스티나 지역은 고대근동의 3층 우주론을 공유하여 사람이 죽으면 땅 속의 저승으로 간다고 믿었다. 하지만 고대 메소포타미아와 달리 죽

---

73 Gulde, *Der Tod als Herrscher in Ugarit und Israel*, 52.

음과 사후 세계에 대한 '다양하고 화려한 묘사'는 찾아볼 수 없다. 다만 죽은 조상이 지하에 모여 잠들어 있다고 믿었고, 이따금 왕조를 세운 시조의 혼령을 불러내는 의식을 발전시켰다.

이 지역에서는 독특하게도 죽음 그 자체가 의인화되었다. 『바알 신화』의 후반부는 죽음의 신 모투가 바알과 겨루는 모티프를 담고 있다. 그런데 바알은 모투를 완전히 제압하지 못하고, 모투도 바알을 완전히 꺾지 못한다. 아마 이 신화는 질서와 생명의 신 바알이 여전히 죽음의 신 모투와 대결하는 이 세계를 묘사하는 것 같다. 이상의 특징은 구약성경으로 이어진다. 구약성경의 죽음관은 고대 메소포타미아나 고대 이집트와는 퍽 다르고 고대 시리아-팔레스티나와 병행한다.

4.2. 구약성경의 모트[74]

셔올과 병행

구약성경에서 모트는 '셔올'(שְׁאוֹל)과 자주 병행한다. 모트와 셔올은 하나의 쌍을 이루지만[75] 여전히 양자의 관계도 확실히 규명되지 않았다. 모트보다 셔올의 정체를 연구하기가 더 어렵다. 셔올은 구약성경 외에 아예 등장하지 않아서 비교하고 연구할 자료가 없다. 또한 그 어근에 대해서도 뚜렷이 밝혀지지 않았다.

연구사의 초기에 바움가르트너(Baumgartner)는 아카드어(šuʾāru)에 뿌리를 두었다고 추측했지만 이 아카드어 단어는 사실 죽음과는 거의 관련이 없다고 판명났다. 이후 쾰러(Koehler)는 '포도밭'(כֶּרֶם)을 '과수원'(כרם + ל = כַּרְמֶל)으로 만들

---

[74] 이 단락의 내용은 다음을 보라. 주원준, 『바알 - 힘, 돈, 성의 평범한 매혹』, 5부 2장.
[75] Barstad, "Sheol שְׁאוֹל", 770.

때 사용된 접미사 ל가 이 단어에 쓰였다고 보았다. 곧 의미의 확장을 이루는 고대의 접미사가 '황폐해지다'를 의미하는 שאה-I 어근에 사용된 것으로 추측했다.[76] 그렇다면 셔올은 '황폐한 넓은 곳'이니 '공간적 의미'로 쓰였고, 저승으로 번역하는 것이 적당하다고 할 수 있다. 『성경』(cbck)은 대개 셔올을 '저승'으로 모트를 '죽음'으로 옮겼다.

'과수원'   כרמל = ל + '포도밭'(כרם)
'저승'   שאול = ל + '황폐해지다'(שאה-I)

이렇게 셔올은 『바알 신화』 등 기원전 2천 년대 시리아-팔레스티나 문헌에 전혀 등장하지 않는다. 구약성경에는 모트와 셔올이 병행하는 구절이 많은데, 대체로 셔올을 더 선호했다.[77] 그리고 뒤에서 보겠지만 셔올의 요소를 담은 인명은 없다.[78]

구약성경이 모트보다 셔올을 더 선호했기 때문에 구약성경의 죽음관이나 저승관을 보려면 셔올에 초점을 맞추어야 할 수도 있다. 다만 셔올이 나오는 구절은 모트와 깊이 연관되어 있기 때문에 역시 셔올을 연구하려면 모트를 연구하지 않을 수 없다. 이 논문은 '죽음의 신의 의인화'에 초점을 유지한다.

---

76 이 논의의 참고 문헌 등은 다음을 보라. HAL II, 1274-5. 하지만 이 문제에 대해서는 아직 만족할 만한 해결책에 이르지 못했다고 말하는 것이 안전할 것이다. Barstad, "Sheol שאול", 768.

77 Gulde, "Der Tod als Figur im Alten Testament: Ein alttestamentlicher Motivkomplex und seine Wurzeln", 80.

78 창세 4,18에 나오는 '므투사엘'(מתושאל "셔올의 남자/전사"?)에서 셔올의 이름을 발견할 수 있다는 주장은 최근 반박되었다. Barstad, "Sheol שאול", 769.

전승을 잇는 풍부한 특징들

고대 이스라엘은 죽음의 신에 관한 시리아-팔레스티나의 전승을 이었기에, 성경 밖의 자료에서 확인되지 않는 전승을 구약성경에서 확인할 수 있다. 아래의 일부 내용은 고대 이스라엘의 고유한 전승이라기보다는 시리아-팔레스티나의 전승이 구약성경에 남긴 흔적일 것이다. 다만 성경 밖의 자료가 아직 확인되지 않은 것이다.

우선 구약성경에 등장하는 아래의 이름들이다. 이 이름들은 일찍이 학자들의 주목을 받았다. 사실 고대근동 세계에서 '신적 요소를 담은 이름'(theophoric name)은 무척 흔하고 이스라엘에서도 자주 발견된다. 이를테면 예언자 이사야(יְשַׁעְיָהוּ)의 이름은 '야훼는 구원이시다'는 뜻이고 에제키엘(יְחֶזְקֵאל)의 이름은 '엘께서 힘을 주시리라' 또는 '엘은 강하시다'는 뜻으로 풀 수 있다. 신의 이름을 품은 인명(personal name)은 조상의 전승이나 종교적 지향 등을 드러내는 것으로서 대개 개인적 정체성을 이해하는 근거로 사용된다. 그런데 아래의 이름에는 죽음의 신 모트가 담겨있다.

아히못   = אֲחִימוֹת   = '모트는 나의 형제' (1역대 6,10.11)
아즈마웻 = עַזְמָוֶת   = '모트는 강하다' (2사무 23,31; 1역대 11,33; 12,3; 27,25 등)
하차르마웻 = חֲצַרְמָוֶת   = '모트의 뜰/동산' (창세 10,26; 1역대 1,20 등)

이 이름들에 모트의 형태가(מות) 뚜렷이 드러나기에 '남자, 영웅'을 뜻하는 낱말(מת)과는 혼동되지 않는다. 그런데 사람의 이름에 죽음의 신을 쓰다니, 죽음의 신을 공경하는 마음이 존재했던 것일까? 이런 이름에 담긴 경외심을 이해하는 것은 쉽지 않다. 이에 대한 연구도 충분히 이루어지지 않은 것 같다.[79] 다만 이런 이름들이 이스라엘의 고유한 신앙에 바탕한 것은 아닐 것이다. 그렇다면 이런 이름들은 이스라엘 이전에 고대 시리아-팔레스티나의 종교적 전통에 근거한 이름이라고 할 수 있다. 이렇게 고대 이스라엘에는 모트가 의인화된 고대의 전승이 이어졌다고 할 수 있다.[80]

구약성경에는 죽음의 신을 『바알 신화』보다 구체적으로 묘사하는 구절이 있다. 아래 시편과 잠언에는 모트가 '오랏줄'(חֶבֶל)과 '올가미'(מוֹקֵשׁ)를 사용하는 표현이 등장한다. 우가릿 문헌에서 모투는 이런 무기를 사용한 적이 없다.[81] 죽음의 신을 이렇게 자세히 묘사하는 표현 역시 이스라엘의 고유한 전승이라기보다는 고대 시리아-팔레스티나의 전승을 이은 것이다.

죽음의 오랏줄(חֶבְלֵי־מָוֶת)이 나를 두르고
멸망의 급류가 나를 들이쳤으며 (시편 18,5)

죽음의 올가미(חֶבְלֵי־מָוֶת)가 나를 에우고
저승의 공포가 나를 덮쳐 나는 고난과 근심에 사로잡혔네. (시편 116,3)

현인의 가르침은 생명의 샘이라
죽음의 올가미(מוֹקְשֵׁי מָוֶת)에서 벗어나게 한다. (잠언 13,14)

구약성경에는 모트가 거느리는 하위신들도 등장한다. 아래 욥기에는 '모트의 맏아들'(בְּכוֹר מָוֶת)이 등장하는데, 이런 표현은 우가릿 문헌에서는 전혀 볼

79　다음의 논의를 참고하라. Gulde, *Der Tod als Herrscher in Ugarit und Israel*, 107-108, 특히 126 n159; Healy, "Mot", 602.

80　구약성경에서 모트가 의인화된 구절 목록은 Gulde, *Der Tod als Herrscher in Ugarit und Israel*, 127-129.

81　다만 『성경』(cbck) 번역이 아쉽다. חֶבֶל을 '오랏줄'과 '올가미'로 옮기고 정작 מוֹקֵשׁ는 '올가미'로 옮겨 히브리어 본문과 거리가 멀어져 버렸다.

수 없다. 우가릿 만신전에서 모투는 자식을 두지 않았다.[82] 다른 고대근동 문헌에서 찾아볼 수 없는 죽음의 신의 이런 특징은 시리아-팔레스티나의 전승을 잇는 것으로 평가할 수 있을 것이다.

> 그의 살갗은 질병으로 문드러지고
> 모트의 맏아들(죽음의 맏자식)이 그의 사지를 갉아먹지. (욥 18,13)

현세의 윤리적 기준

구약성경은 기원전 2천 년대의 시리아-팔레스티나의 전승을 이을뿐 아니라 독특한 야훼 신앙을 바탕으로 새롭게 발전시켰다. 다음에서 하바쿡 예언자는 '셔올'(שְׁאוֹל), 곧 저승과 '죽음'(모트)을 언급한다. 예언자는 '뻔뻔스러운 자'와 '거만한 사람'을 경계하고 성실하게 살아가는 '의인'을 권고한다. 이런 이분법적 대비와 윤리적 권고는 구약성경의 지혜문학에서 쉽게 볼 수 있다. 여기서 하바쿡 예언자는 모든 민족과 백성을 끌고간 세력, 곧 이스라엘 등 약소민족을 정복하여 유배시킨 바빌로니아를 목구멍이 큰 저승(셔올)과 죽음(모트)에 빗대었다.[83]

> 보라, 뻔뻔스러운 자를.
> 그의 목구멍(נֶפֶשׁ = '영혼')은 바르지 않다.
> 그러나 의인은 성실함으로 산다.
> 참으로 재물은 믿을 수 없다.

---

82 Healy, "Mot", 601.
83 하바 2,4-5에 대한 주석은 다음에 의존하였다. Harry, "Habakkuk", 1109.

거만한 사람은 견디어 낼 수 없다.

셔올(저승)처럼 그의 목구멍을(נַפְשׁוֹ) 넓게 벌린 그자는

모트(죽음)와 같아 만족할 줄 모르고

모든 민족들을 끌어들이며

모든 백성들을 모아들인다. (하바 2,4-5)

여기서 셔올과 병행하는 모트는 모든 민족을 끌어들일 정도로 목구멍이 크다. 이렇게 큰 목구멍으로 만백성을 삼키는 모트의 모습은 『바알 신화』에서 본 모투의 모습과 일치한다. '목구멍'(נֶפֶשׁ = napš)이라는 단어도 정확히 병행한다.

하지만 『바알 신화』와 구약성경의 차이점도 분명하다. 『바알 신화』에는 셔올도 나오지 않고, 주체적으로 활약하는 인간도 전혀 볼 수 없다. 무엇보다 문헌의 주제와 초점이 완전히 다르다. 하바쿡 예언자는 재물, 탐욕, 거만함, 뻔뻔스러움 등과 대비되는 '의인의 성실함'을 강조하였고, 약소민족을 억압하는 대제국의 힘을 죽음의 신에 빗대었다. 하바쿡 예언서의 본문에서 우가릿 신화와 병행하는 신화적 표상을 분명히 볼 수 있지만, 예언서는 윤리적이고 정치적인, 상당히 인간적인 차원에 초점을 맞춘다. '목구멍' 또는 '내면', '영혼'을 의미하는 '네페쉬'(נֶפֶשׁ)가 악인과 대제국에 적용된 것도 이런 관찰을 뒷받침한다. 이런 주제는 『바알 신화』에서는 볼 수 없는 것이다.[84]

4.3. 죽음의 신을 영원히 꺾으신 하느님

'모트와 계약'을 언급하는 아래 이사야서도 흥미롭다. '계약'(בְּרִית)은 이스라

---

84 또한 이사 5,13-14; 예레 9,20 등에서도 비슷한 관찰이 가능하다.

엘 신앙의 핵심 개념임은 널리 알려져 있다. 이스라엘은 야훼 하느님과 계약을 맺은 '하느님 백성'으로서 독특한 정체성을 지닌다. 예언자는 모트와 계약을 맺은 자는 하느님과의 계약을 저버린 자들로서, 유지될 수 없는 헛된 것에 매달리는 자들이라고 주장한다. 역시 윤리적인 성찰이 이 구절에 담겨 있다.

정녕 너희는 이렇게 말한다.
"우리는 모트와(죽음과) 계약(בְּרִית)을 맺고
셔올과(저승과) 협약을 체결하였지.
…
모트와(죽음과) 맺은 너희의 계약(בְּרִית)은 파기되고
셔올과(저승과) 맺은 너희의 협약은 유지되지 못하리라.   (이사 28,15.18)

『바알 신화』에서도 바알과 모투는 대결했지만, 구약성경의 야훼가 모트가 대결하는 양상은 퍽 다르다. 구약성경은 신들의 싸움이 아니라 인간의 선택에 초점을 맞춘다. 결국 우리는 누구와 계약을 맺을 것인가. 야훼를 선택할 것인가 모트를 선택할 것인가. 이런 식의 비유와 성찰은 고대근동의 다른 문헌에서는 발견되기 힘든 것이다.

이런 의미에서 모트를 목자에 빗댄 것도 눈길을 끈다. 백성을 이끄는 존재를 '목자'로 표현한 것은 구약성경의 전유물이 아니다. 수메르 시대부터 고대근동 세계에 흔히 존재하던 것이다. 하지만 죽음의 신을 목자로 표현한 것은 우가릿 문헌에 전혀 없고 다른 고대근동의 문헌에도 아직까지는 발견되지 않았다.[85]

---

85 양과 염소를 모투와 연결시키는 구절이 있지만, 모투를 목자에 빗대는 것과는 거리가 멀다. KTU³ 1.4:VIII:17-20. 그리고 시편 49,15의 본문의 상태가 복잡한 것을 주의하라.

죽음의 신의 고향에서 영원한 승리를!

그들은 양들처럼 셔올에(저승에) 버려져

모트가(죽음이) 그들의 목자 되리라.

...

그러나 하느님께서는 내 영혼을 구원하시고(פדה)

셔올의(저승의) 손에서 나를 기어이 빼내시리라. (시편 49,15-16)

모투를 삼키는 야훼

이제 구약성경과 『바알 신화』가 가장 크게 차이나는 점을 보자. 두 문헌 모두 주신(主神)이 죽음의 신과 이분법적 대결 구도를 이룬다는 점은 공통적이다. 바알은 모투와 겨루어 한 번은 패배했고, 그 이후에는 영원한 대결 구도를 이어가는 것 같다. 하지만 이스라엘의 야훼는 모트를 완전히 이겼다.

아래 이사야 예언서의 한 구절은 분명 기원전 2천 년대 시리아-팔레스티나의 전승을 넘어섰다. 이 문장의 주어는 문맥상 야훼가 확실하다. 그런데 야훼의 행위를 표현하는 데 '삼켜버리다'(בלע)는 동사가 사용되었다.[86] 이 동사는 인상적이다. 왜냐하면 사실 모트에 어울리는 표현이기 때문이다. 앞에서 본 바와 같이 죽음의 신 모투의 대표적 무기는 모든 것을 삼켜버리는 큰 입이다. 그런데 야훼 하느님이 모투를 삼켜버리다니. 야훼 하느님이 죽음의 신을 그 신의 방식으로 꺾으셨다는 선언이다.

그분(=야훼)은 모트를(죽음을)

영광스럽게(לנצח 영원히) 삼켜버리셨다(בלע 없애 버리시리라).

---

86 기본형(G, qal)으로 '삼키다'는 뜻인데, 여기서는 강화형(D, piel)으로 쓰였기에 '삼켜버렸다'가 적절한 번역어라고 할 수 있다.

> 주 하느님께서는 모든 사람의 얼굴에서 눈물을 닦아 내시고
> 당신 백성의 수치를 온 세상에서 치워주시리라. (이사 25,8)

여기서 야훼가 삼켜버리는 양태를 표현하는 부사(לָנֶצַח)는 "영광스럽게" 또는 "성공적으로"로 옮길 수 있다. 곧 죽음을 이기신 야훼의 방식이 최종적이고 완전한 것임을 표현한 것이다. 그리고 영구적으로 죽음을 물리친 야훼의 승리는 그 백성의 승리라는 점도 중요하다. 백성과 하느님이 하나의 운명공동체를 이룬 듯한 마음이 이 구절에 배어 있다. 이렇게 죽음을 죽음의 방식으로 꺾고 영원히 승리하는 야훼 하느님의 권능은 퍽 인상적으로 남아서 신약성경에도 큰 영향을 끼쳤다.[87]

죽음을 죽음의 방식으로 결정적이고 영원히 꺾고 승리한다는 점은 구약성경과 기원전 2천 년대의 『바알 신화』를 결정적으로 가른다. 바알은 모투에 패했고 죽어서 저승에 갔혔다. 그 이후에도 여전히 아슬아슬한 승부를 이어가고 있다. 하지만 야훼는 죽음의 무기를 사용해서 죽음을 영원하고 결정적으로 꺾었다. 이사야 예언자는 죽음의 신이 사용하는 방법도 결국은 야훼 하느님께 속한 것이라고 고백하며 하느님이 죽음보다 크시다는 메시지를 말하고 있다.

5. 나가며

시리아-팔레스티나의 기원전 2천 년대와 1천 년대를 비교해 보자. 이 지역에 있는 나라들은 늘 강대국 사이에서 '외교적 묘수'를 찾아야 했다. 고대근동 세

---

[87] 1코린 15,54-55 등.

계에서나 현재나 마찬가지다. 항구도시 우가릿은 기원전 15세기에 국제 무역 도시로서 전성기를 누렸다.[88] 하지만 대략 14세기 들어 국제정세가 요동쳤다. 이집트는 파라오 아케나톤이 종교개혁을 단행하여 내적 갈등이 확산되어 외교 역량이 축소되었다. 이 틈을 타고 북에서 히타이트가 세력을 확장했다. 우가릿은 본디 이집트에 조공을 바치고 번성했지만, 이 시기에 조공의 대상을 히타이트로 바꾸었다. 그리고 결국 카데쉬 대전에서는 히타이트의 편에서 참전했다. 우가릿은 '히타이트의 평화'(Pax Hethitica)에서 가장 번성한 항구도시였다.

『바알 신화』에서 바알은 엘의 허락을 받아야만 신전을 짓고 왕권을 인정받는데, 이는 히타이트의 임금의 허락을 받아야 하는 우가릿의 처지가 반영된 것으로 해석한다. 그래서 바알이 죽음의 신을 완전히 물리치지 못하는 것도 그렇게 해석한다. 바알은 죽음의 신과 일대일로 겨루어 패배한다. 다만 최고신 엘과 하위신 아나투의 도움으로만 간신히 성공할 수 있는 신이다.

기원전 1천 년대 이 지역에 나라를 세운 이스라엘도 이와 거의 같은 처지였다. 늘 이집트와 아시리아와 바빌로니아에 시달렸고 결국 분단되어 남과 북 모두 망국의 슬픔을 겪어야 했다. 그런데 이스라엘의 신학은 우가릿과 완전히 달랐다. 적어도 자신들과 계약을 맺어주신 야훼 하느님이야말로 최고신 엘이시며, 죽음의 신을 완전히 꺾으신 존재임을 고백했다.

그러면 이런 질문을 해 보자. 기원전 2천 년대와 1천 년대 사이에 시리아-팔레스티나 지역에 어떤 일이 있었길래 이렇게 달라진 것일까? 어떤 사건과 체험을 계기로 고대 이스라엘은 이런 새로운 신학을 발전시키게 된 것일까? 그 대답은 이집트 탈출 사건의 체험이 될 것이다. 파라오는 거대한 제국의 최고 권력자였을 뿐 아니라, 수천의 신을 거느린 최고의 신이었다. 그런 높은 존재를 작은 백성의 야훼 하느님이 꺾고 승리하셨다는 체험과 고백을 지닌 이스라

---

88 우가릿 역사에 대해서는 다음을 보라. 주원준, 『바알 - 힘, 돈, 성의 평범한 매혹』, 2부 2장.

엘인들은 완전히 새로운 신앙을 지니고 있었다. 그들은 기존에 고백되던 종교적 체계를 완전히 넘어서 버렸다.

야훼 하느님께서 죽음을 완전히 통제하신다는 믿음은 후대의 신학적 발전에도 기준으로 작용했다. 훗날 페르시아의 영향으로 최후의 심판과 내세와 연옥 등의 개념을 주체적으로 수용할 수 있는 기준에는 이렇게 하느님께서 삶과 죽음을 완전히 주재하신다는 신학이 있었던 것이다. 이런 믿음의 확고한 기준은 구약성경의 시대가 끝날 때 즈음 종말론적으로 확대되어 신약성경을 통하여 우리에게 전승된다.

6. 참고 문헌

DDD

van der Thoorn, K., et al. (eds.), *Dictionary of Deities and Demons in the Bible* (Brill 1999).

HAL I

Koehler, L., et al. (eds.), *Hebräisches und Aramäisches Lexkon zum Alten Testament, Band I: a - o* (Leiden 2004).

HAL II

Koehler, L., et al. (eds.), *Hebräisches und Aramäisches Lexkon zum Alten Testament, Band II: p - t* (Leiden 2004).

TUAT

Kaiser, O., Janowski, B., Wilhelm, G., Schwemer, D. (Hg.), *Texte aus der Umwelt des Alten Testaments-Alte Floge, Bd. I-III* (Gütersloher 1982-

1997).

ZA

Zeitschrift fur Assyriologie und Vorderasiastische Archaeologie

Joüon/Muraoka

Joüon, P., Muraoka, T., *A Grammar of Biblical Hebrew, vol. I - II* (Roma 1991).

맥컬리, 포스터 R., 『고대근동 신화와 성경의 믿음 - 성경이 수용한 고대근동 신화』, 주원준 옮김 (감은사 2022).

요시무라 사쿠지, 『고고학자와 함께하는 이집트 역사기행』, 김이경 옮김 (서해문집 2004).

주원준, 「구약성경의 잡귀잡신들 8 - 조상 1」, 『말씀터』 74호 (2011.1-2, 한님성서연구소), 13-19.

_____, 『신명기』 (거룩한 독서를 위한 구약성경 주해 5; 바오로딸 2016).

_____, 『구약성경과 작은 신들 - 그리스도교 신앙의 뿌리에서 발견한 고대근동 신화와 언어의 흔적들』 (성서와 함께 2021).

_____, 『인류최초의 문명과 이스라엘 - 고대근동 3천 년』 (서울대학교출판문화원, 2022).

_____, 『구약성경과 신들 - 고대근동 신화와 고대 이스라엘의 영성』 (한님성서연구소 2018²).

_____, 『바알 - 힘, 돈, 성의 평범한 매혹』 (한님성서연구소 근간).

트롭퍼, 『우가릿어 문법』, 주원준 개역 (한님성서연구소 2010).

프리챠드, 제임스 B., 『고대근동 문학 선집』, 김구원 외 옮김 (CLC 2016).

Barstad, H. M., "Sheol שאול", *DDD*, 768-770.

Del Olmo Lete, D., Sanmartín, J., *A Dictionary of the Ugaritic Language in the Alphabetic Tradition, Part Two: [l-ẓ]*, G.E. Watson (tr.) (Leiden 2004).

Dietrich, M., Loretz, O., "Der Baal-Zyklus KTU 1.1—1.6", *TUAT III*, 1091-1198.

Gulde, Stefanie U., *Der Tod als Herrscher in Ugarit und Israel*, FAT 22 (Tübingen: Mohr Siebeck 2007).

_____, "Der Tod als Figur im Alten Testament: Ein alttestamentlicher Motivkomplex und seine Wurzeln", A. Berlejung, B. Janowski, *Tod und Jenseits im alten Israel und in seiner Umwelt: theologische, religionsgeschichtliche, archäologische und ikonographische Aspekte* (Tübingen : Mohr Siebeck 2009), 67-85.

Healy, J.F., "Mot", *DDD*, 598-603.

Hutter, M., *Religionen in der Umwelt des Alten Testaments I - Babylonier, Syrer, Perser* (Stuttgart 1996).

Katz, D., "Tod", *RlA 14*, 70-75.

_____, "Unterwelt, Unterweltsgottheiten", *RlA 14*, 342-344.

Kuhrt, A., *The Ancient Near East I: From c.3000 to c. 1200 BC* (London 1995).

Lambert, W.G., "The Theology of Death", B. Alster (ed.), *Death in Mesopotamia - Papers read at the XXVIe Rencontre assyriologique internationale* (Copenhagen: Akademisk Forlag 1980), 53-66.

Lesko, Leonard H., "Death and the Afterlife in Ancient Egyptian Thought", J. Sasson et al. (eds.), *Civilizations of the Ancient Near East, Vol. III & IV* (New York 1995), 1763-1774.

Livingstone, Alasdair (ed.), *Court Poetry and Literary Miscellanea*, State Archives of Assyria 3, no. 32 (1989).

Muller, Maya, "Afterlife", D.B. Redford (ed.), *Oxford Encyclopedia of Ancient Egypt, vol. 1* (Oxford Univ. Press 2001), 32-37.

Müller, G.G.W., "Ischtars Höllenfahrt", *TUAT III*, 760-766.

Nasuti, Harry P., "Habakkuk", J.J. Collins et al. (eds.), *The Jerome Biblical Commentary for the Twenty-First Century* (Bloomsbury Publishing 2022), 1105-1111.

Rouillard, H., "Rephaim", *DDD*, 692-700.

Sasson, Jack M. (ed.), *Civilizations of the Ancient Near East III & IV* (Peabody: Hendrickson Publishers 2000).

Smith, M., *The Ugaritic Baal Cycle, Vol I: Introduction with Text, Translation and Commentarz of KTU 1.1-1.2* (Brill 1994).

Scurlock, Jo Ann, "Afterlife in Ancient Mesoptamian Thoguht", J. Sasson et al. (eds.), *Civilizations of the Ancient Near East, Vol. III & IV* (New York 1995), 1883-1893.

von Soden, W., "Unterweltsvision eines Assyrischen Kronprinzen", *ZA 43* (1936), 1-31.

Watson, P.L., "The Death of 'Death' in the Ugaritic Texts", *Journal of the Amerian Oriental Society vol. 92, no. 1* (1972), 60-64.

Wilkinson, T., *The Rise and Fall of Ancient Egypt* (Random House Pub., 2010 - kindle edition).

송혜경

구약 외경에 나타난 '죽음 이후'

차례

I. 서론
    1. 연구 배경과 문제 제기
    2. 연구의 의의와 목표
    3. 본문 선정과 연구 방법

II. 본문 분석
    1. 1에녹 1—36장
        1.1. 죽은 이들의 처소: 개인적 종말론
        1.2. 죽은 이들의 부활: 집단적 종말론
        1.3. 부활의 의미
    2. 바룩 2서
        2.1. 개인적 종말론: 개인의 사후 운명
        2.2. 집단적 종말론: 인류의 최종 운명
    3. 에즈라 4서
        3.1. 개인적 종말론
        3.2. 집단적 종말론
    4. 바룩 3서
        4.1. 개인적 종말론

III. 결론

IV. 참고 문헌

I. 서론

이 논문은 구약 외경에 나타난 '죽은 뒤의 삶' 또는 '사후' 개념을 살핀다. 대개 기원전후 200년 사이에 만들어진 구약 외경에서 사후 개념이 어떻게 형성·발전되어 나가는지 에녹 1서, 바룩 2서, 에즈라 4서, 바룩 3서를 중심으로 살필 것이다.

1. 연구 배경과 문제 제기

구약성경은 인간의 사후에 관련된 내용을 비중 있게 다루지 않는다. 구약성경에 내세와 관련된 내용이 아예 없는 것은 아니지만 사람이 죽으면 조상들과 함께 땅에 묻혀 저승(셔올)에 간다고 말할 따름, 망자가 셔올에 간 이후에 대해서는 거의 관심을 표명하지 않는다.[1] 히브리어 구약성경에서 '죽은 이들의 부활'에 대한 믿음이 명백히 드러나는 본문은 다니엘서가 거의 유일하다고 말해도 지나치지 않다. 부활을 언급한 에제 37,1-14이나[2] 이사 26,19은[3] '죽은 사람의 부활에 대한 신앙을 드러낸 것이라기보다는 '이스라엘 백성의 복구'에 대

---

1 구약성경의 사후 개념은, Cielontko, "Resurrection in Early Judaism within the Context of Existing Beliefs about the Afterlife", 32-35.
2 "나 이제 너희 무덤을 열겠다. 그리고 내 백성아, 너희를 그 무덤에서 끌어내어 이스라엘 땅으로 데려가겠다. … 내가 너희 안에 내 영을 넣어 주어 너희를 살린 다음, 너희 땅으로 데려다 놓겠다. …"(에제 37,12-14).
3 "당신의 죽은 이들이 살아나리이다. 그들의 주검이 일어서리이다. 먼지 속 주민들아, 깨어나 환호하여라. 당신의 이슬은 빛의 이슬이기에 땅은 그림자들을 다시 살려 출산하리이다"(이사 26,19).

한 희망을 '부활'의 이미지로 표명한 것이라고 보아야 한다.[4] 구약성경에서 죽은 이의 부활을 언급한 확실한 예는 다니 12,1-3과[5] 2마카 7장(제2경전)뿐이다. 다니엘서나 마카베오기가 만들어진 시기가 기원전 2세기임을 감안할 때 유다교 전통에서 부활이나 내세 개념이 비교적 후대에 발달했음을 알 수 있다. 학자들에 따르면, 유다교 전통에서 죽음 이후에 관심을 두게 된 것은 유배 이후부터, 부활과 내세 개념을 본격적으로 발전시킨 것은 헬레니즘 시대 이후부터다. 실제로 유다교 문학에서 사후에 대한 관심이 기원전 3세기경부터 크게 증가한 것을 확인할 수 있다.[6] 현존하는 유다교 작품 가운데 부활을 명시한 본문은 모두 기원전 3세기 이후 것으로 추정된다. 페르시아 시대와 헬레니즘 시대를 지나면서 페르시아의 부활 개념과[7] 그리스의 영혼불멸 등 내세

---

[4] 그러나 두 대목은 후대 저자들이 죽은 이들의 부활을 표현하는 데 큰 영감을 주었다. 이사 29,19과 에제 37,1-14이 부활 개념의 씨앗이 되었다고 볼 수 있다. 여기서 다룰 구약 외경 본문들도 두 본문에 바탕을 두었을 가능성이 크다.

[5] "또 땅 먼지 속에 잠든 사람들 가운데에서 많은 이가 깨어나 어떤 이들은 영원한 생명을 얻고 어떤 이들은 수치를, 영원한 치욕을 받으리라. 그러나 현명한 이들은 창공의 광채처럼 많은 사람을 정의로 이끈 이들은 별처럼 영원무궁히 빛나리라"(다니 12,2-3). 다니 12,13도 참조하라.

[6] 당시 모든 유다인들이 사후 신앙을 공유했다는 의미는 아니다. 헬레니즘 시대 본문에도 부활을 부정하는 듯한 대목들이 있다. 기원전 3세기경에 쓰인 코헬렛은 당시 유다인들에게 부활 개념이 아직 생소한 것이었음을 보여 준다(코헬 3,19-21). 기원전 2세기경에 저술된 집회서도 부활이나 영혼불멸에 대한 희망이 유다인들 사이에서 보편화된 것은 아님을 보여준다. 가령 집회 30,3-6은 사람은 자식을 통해 영원히 산다는 개념을 전제하고 있다: "이런 자식의 아버지는 죽어도 죽지 않는 것과 같으니 자기 뒤에 자신을 닮은 사람을 남겨 놓기 때문이다"(집회 30,4).

[7] 페르시아 종교가 이스라엘 종교에 영향을 미쳤음을 부정하기는 어렵지만 이를 확증할 페르시아의 문헌 증거들이 충분하다고 볼 수도 없다. 유다인들이 200년이 넘는 기간 동안 페르시아 제국의 지배를 받으면서 페르시아 종교의 사후 및 부활 개념을 접했을 가능성은 크다. 그러나 페르시아 종교 텍스트들의 정확한 연대 측정이 어려워서 두 종교 간의 영향을

개념을 접한 유다인들은, 이 개념에 종말론·우주론·신정론·인간관 등 다양한 신학적 요소를 결합하여 독자적인 사후신학으로 발전시켰다. 기원전 3세기 즈음 유다교 사후 개념의 초석이 마련되고 그리스-로마 시대라 부르는 시기(기원전 200년경부터 기원후 200년)에 그 초석을 바탕 삼아 유다교 사후 희망은 다양한 형태로 분화 발전하였다. 이 시기는 구약 외경이 활발히 만들어지던 시기이기도 하다. 구약 외경에 유다교 사후 희망의 발전 과정이 담긴 것이 우연은 아니다. 유다교 문학에서 부활을 명시한 현존 최고最古의 본문도 바로 구약 외경에 속한다. 기원전 3세기경에 만들어진 1에녹 1—36장, 특히 22—27장이 바로 그것이다. 그 뒤를 이은 다양한 유다교 본문(구약 외경)에서 죽은 이들의 부활이나 죽은 뒤의 삶이 명시되고 있다. 1에녹 22,13; 25,6; 91,9-10;[8] 51,2; 58,2-3; 103,3-4[9]; 솔로몬의 시편 3,12[10]; 13,11; 예언자들의 생애 2,12,[11] 욥의 유언 4,9[12] 등이 대표적이다. 4에즈 7,26-44; 2바룩 30,1-2; 49—52장에서는

논하기가 쉽지 않다: Segal, "Iranian Views of the Afterlife and Ascent to the Heavens", 175-176. 조로아스터교 초기 문헌으로 여겨지는 아베스타(*Avesta*)에 부활 개념이 나타나는 것은 사실이다. 유다인들 사이에 부활 개념이 나타난 것이 페르시아 문화와의 접촉 이후라고 보는 세갈은, 야스나 54에 나타난 부활 개념을 유다인들이 받아들였을 가능성이 높다고 주장한다. 마지막 때에는 "죽은 이들이 생명 없는 몸에서 일어나리라"(*Yasna* 54)고 예고하는 대목이다: Segal, "Iranian Views of the Afterlife and Ascent to the Heavens", 183-184. 참고로 야스나는 아베스타에 속한다.

8 "그들(죄인)은 불의 심판에 던져질 것이다. 그리고 분노와 영원한 심판의 힘 속에서 사라져 갈 것이다. 그런 다음(심판 뒤에) 의로운 이가 잠에서 일어날 것이다."
9 "죽은 경건한 이들의 영혼을 위해 좋은 것과 기쁨과 영예가 마련되었으며 또 기록되었습니다. 그들은 기뻐할 것입니다. 그리고 그들의 영은 결코 사라지지 않을 것입니다. 그 기억도 위대하신 분의 면전에서 영원무궁토록 사라지지 않을 것입니다."
10 "그러나 주님을 경외하는 이들은 영원한 생명으로 다시 일어날 것입니다. 그들의 생명은 주님의 빛 속에 있으며 다시는 사라지지 않을 것입니다."
11 "그리고 부활 때 이 궤가 가장 먼저 부활할 것입니다."
12 "그리고 너는 부활로 일으켜질 것이다."

부활 희망이 '육신의 부활'로 구체화된다. 바룩 3서에서는 죽은 이들의 처소가 구체적으로 묘사되고 있다.

2. 연구의 의의와 목표

구약 외경은 초기 유다교 사후 개념을 폭넓은 범위로 담아내고 있어 이 분야 연구자들의 관심을 집중적으로 받고 있다.[13] 유다교 사후 개념과 관련된 주제는 여러 가지이지만 부활 또는 영혼불멸 신앙의 원인과 기원에 대한 연구가 그 앞자리를 차지한다. 사후에 별 관심을 보이지 않던(적어도 구약성경에서) 유다인들이 왜 이 문제에 천착하게 되었는가? 그리고 그러한 개념들의 기원은 무엇인가? 하는 문제다.[14] 기원 문제와는 별개로 신관, 인간관, 영(혼)론, 종말론, 우주론 등 여러 요소가 복합적으로 얽혀 있는 사후 개념은 다양한 주제를 포괄한다. 먼저 죽은 뒤의 삶 문제로, 죽은 이들은 어떻게 되는가, 죽음으로 육신을 떠난 영혼(영)에게 무슨 일이 일어나는가 등이다. 사실 본문에 따라 죽음 뒤의 삶은 다양한 형태로 표현된다. 어떤 본문에서는 영혼불멸로,[15] 어떤 본문에서

---

13 유다교 부활 희망의 생성과 발전은 그리스-로마 시대 문헌들, 곧 구약성경 및 외경, 쿰란 문헌, 라삐 문헌 등에 반영되어 있다. 그리스-로마 시대 유다교 문학에 나타난 부활 및 사후 희망은, Sigvartsen, *Afterlife and Resurrection Beliefs in the Apocrypha and Apocalyptic Literature*; Cielontko, "Resurrection in Early Judaism within the Context of Existing Beliefs about the Afterlife", 41-62.

14 페르시아 종교와 헬레니즘의 영향, 사회정치적 변동과 충격이 내세 개념 발전의 가장 중요한 기원과 원인으로 제시된다. 유다인들의 사후 개념 특히 부활 개념의 '기원'에 대해서는, Cielontko, "Resurrection in Early Judaism within the Context of Existing Beliefs about the Afterlife", 35-41.

15 기원후 1세기 작품인 마카베오기 4서 여러 곳에서 불사($\alpha\theta\alpha\nu\alpha\sigma\iota\alpha$)의 영혼이 불멸($\alpha\phi\theta\alpha\rho\sigma\iota\alpha$)에 합류하리라는 기대가 표현된다. '불사', '불멸', '불멸하는 영혼'이라는 단어들이 여러 차례 쓰인다(4마카 9,22; 14,5-6; 16,13; 17,12; 18,23). 엘아자르 및 마카베오 가문 사람들

는 부활로[16] 표현된다. 또 어떤 본문에서는 '영혼불멸'을 말하는지 '부활'을 말하는지 분명하지 않거나 둘이 섞여 있는[17] 모양새를 띠기도 한다. 부활이 '영(혼)의 부활'을 가리키는지 '육신의 부활'을 가리키는지, 부활의 시점과 대상은 어떠한지에[18] 대한 문제도 있다. 죽은 이들은 어디로 가는가? 곧 '죽은 이들의 처소'는 어디인가? 하는 문제도 있다.[19] 나아가 개인의 운명과 인류 전체의 운명은 어떤 식으로 연결되는가의 문제도 있다.

이런 주제들과 관련하여 그리스-로마 시대 유다인들의 사후 개념은 매우 다양한 형태로 전개되었다. 사후와 관련된 어떤 주제에 대해서도 구약 외경의

의 순교를 스토아철학의 관점에서 풀이하는 이 작품은, '순교'를 '감정'(πάθος)에 대한 '이성'(λογισμός)의 승리라고 설명한다(4마카 1,7-9; 13,1-3). 이들의 이성이 감정을 완벽히 제어함으로써 하느님을 위해 순교할 수 있었다는 것이다. 하느님의 법을 위해 목숨을 바친 이들에게는 불사 또는 불멸이 상급으로 주어진다고 한다. 반면에 하느님의 법을 어기는 자들의 '영혼'은 영원한 형벌을 받으리라고 한다(13,14-15). 저자는 순교한 마카베오 형제들과 그 어머니는 "하느님으로부터 거룩하고 불멸하는 영혼을 받아들여 자기네 조상들의 합창단에 합류해 있다(εἰς πατέρων χορν συναγελάζονται ψυχὰς ἁγνὰς καὶ ἀθανάτους ἀπειληφότες παρὰ τοῦ θεοῦ)"(18,23)고 하면서 글을 마무리한다. 그리스 철학과 유다교의 조화를 보여 주는 이 작품은, 그리스인들의 영혼불멸 개념을 유다교 신앙과 조화시켜 '하느님 앞에 영원히 사는 삶'으로 재해석한다(7,19; 15,3). 요셉과 아세넷 27,7에서도 영혼불멸에 대한 기대가 드러난다: "주, 저의 하느님 저를 죽음으로부터 살려주신 분! '네 영혼은 영원히 살리라' 하고 제게 말씀하신 분이시여!" 지혜서(3,1)와 알렉산드리아의 필론(『세부규정』 1.81)도 영혼불멸 쪽으로 기운 작품으로 꼽는다: Elledge, "Resurrection and Immortality", 107-129.

16 4에즈 7,26-44; 2바룩 30,1-2; 49—52장.
17 아브라함의 유언 7,15-16; 14,7-8.
18 이에 대한 답도 하나가 아니다. 1에녹 22장에서는 의인의 영혼과 악인의 영혼만 부활에 참여하고 중간에 해당하는 영혼은 부활에 참여하지 않는다고 한다. 의인은 상을 받기 위해 악인은 벌을 받기 위해 부활한다는 것이다. 바룩 2서나 에즈라 4서는 죽은 모든 이가 부활한다는 입장이다.
19 이 또한 작품마다 다르다. 지하에서 하늘까지 죽은 이들의 처소는 매우 다양하게 제시된다.

개념은 이것이다 하고 한 가지로 단정해서 말할 수 없다. 그리고 각 본문들이 표방하는 사후 개념들이 서로 정확히 일치하는 경우를 찾아보기 어렵다. 사후 개념을 드러내는 여러 본문들을 독자적으로 분석하고 탐구함으로써, 그리고 각 본문들 사이의 비교와 대조를 통해 이 시대 유다인들의 사후 희망에 대한 큰 그림을 그릴 수 있을 것이다.

이런 맥락에서 이 논문은, 구약 외경 에녹 1서, 바룩 2서, 에즈라 4서, 바룩 3서를 중심으로 그리스-로마 시대 유다인들의 사후 개념을 살피려 한다. 사후와 관련된 여러 주제들 가운데 '죽은 이들의 부활'과[20] '죽은 이들의 상태 및 처소에 초점을 맞춘다. '죽은 이들의 부활', '죽은 이들의 처소와 관련된 본문들을 선택하여 각 본문이 제시하는 사후 개념을 살펴보겠다. 죽음 이후에 대한 유다인들의 생각과 희망이 형태와 꼴을 갖추어나가는 과정을 가늠해 볼 수 있을 것이다.

3. 본문 선정과 연구 방법

이 논문은 구약 외경 에녹 1서, 바룩 2서, 에즈라 4서, 바룩 3서의 '본문 분석'을 통해 사후 개념을 살핀다. 네 본문을 선정한 이유를 먼저 밝히고 본문 연구에 사용할 접근법을 제시하겠다.

---

[20] 이 논문에서는 '부활'에 초점을 맞추지만 앞에서 살펴보았듯이 구약 외경 가운데 내세 희망이 '영혼불멸'로 가닥 잡힌 작품들도 적지 않다: 4마카 9,22; 14,5-6; 16,13; 17,12; 18,23; 요셉과 아세넷 27,7. 영혼 불멸과 부활을 모두 언급하는 본문도 있다. 가령 아브라함의 유언 7,15-16은 영혼불멸과 부활 개념이 결합된 모양새를 보인다. 이에 따르면, 죽음 뒤에 아브라함의 영혼은 하늘로 들어 올려지고(영혼불멸) 몸은 땅에 남아 있을 것이라고 한다. 그리고 7000년이 지나면 모든 육신이 다시 일어날 것(부활)이라고 한다.

3.1. 본문 선정 이유

구약 외경 가운데 유다교 사후 개념 역사에서 일대 전환점을 이루었다고 판단되는 작품 네 가지를 골랐다. 1에녹 1—36장, 에즈라 4서, 바룩 2서, 바룩 3서가 이에 해당한다. 네 작품은 저마다의 이유로 유다교 사후 개념에 터닝 포인트가 되었다.

각 본문의 선택 이유는 다음과 같다. 기원전 3세기 작품인 1에녹 1—36장은 유다교 문학 최초로 '부활'에 대한 믿음을 명시적으로 표현한다. 이 본문은 유다인들이 부활을 믿기 시작했음을 증명하는 첫 사료가 된다. 아울러 이 본문은 유다교 사후 개념의 초석이 되었다고 말할 수 있다. 후대 본문들은 이 본문에 기대어 사후 개념을 더욱 체계적인 형태로 만들고 신학화한다.

기원후 100년경에 만들어진 에즈라 4서와 바룩 2서는 그러한 신학적 성찰의 결과물이라고 말할 수 있다. 두 작품에서 사후와 관련된 다양한 개념들이 정리·종합되어 제법 체계적인 사후 신학으로 발전했음을 확인할 수 있다. 에녹 1서, 바룩 2서와 에즈라 4서에서 '부활'은 마지막 때 있을 최후 심판, 인류 전체와 세상의 최종 운명과 연결되고 있다.

바룩 3서는 인류 전체의 집단적 운명보다 개인의 사후 운명에 집중한다. 그리하여 부활이나 최후 심판보다는 개개인이 죽은 뒤에 어떤 운명을 겪는지에 주목한다. 그리하여 죽은 자의 영혼이 어떤 곳에 모여 있으며 어떤 상태에 놓여 있는지에 초점이 맞춰진다. 특히 낙원뿐 아니라 처벌 장소도 하늘에 있는 것으로 그려진다. 죽은 사람의 영혼은 모두 '하늘로 올라간다'는 것이다. 하늘은 하느님과 그 천사들의 처소이며, 죽은 모든 이는 지하의 저승으로 내려간다는 구약의 사고가 전복되어 사람이 죽으면 하늘로 올라간다는 생각으로 바뀐 것이다. 이는 유다인들의 우주관과 사후 개념에 일대 전환이 일어났음을 분명히 보여준다.

3.2. 방법론

이 논문은 구약 외경에 나타난 '죽은 이들의 부활'과 '죽은 이들의 처소'에 대해 살펴본다. 본문은 에녹 1서, 바룩 2서와 에즈라 4서, 바룩 3서로 한정하고, 방법은 분석과 종합을 사용할 것이다. 두 주제와 관련된 본문을 골라 분석한 다음 두 주제에 대한 당대 개념을 종합적으로 그려볼 것이다. 각 본문에 대한 소견을 무비판적으로 합한다는 의미는 아니다. 개별 본문의 고유성과 차별성을 훼손하지 않으면서 본문들이 공유하는 핵심 신학을 도출하도록 애쓸 것이다.

II. 본문 분석

연구 순서는 집단적 종말론 또는 최후의 심판이 전제된 본문과 그렇지 않은 본문으로 나누어 살필 것이다. 먼저 집단적 종말론이 전제된 본문들(에녹 1서; 바룩 2서; 에즈라 4서)을, 이어서 개인적 종말론에 집중하는 본문(바룩 3서)을 살피겠다.[21] 또한 저술 연대를 고려하여 가장 먼저 만들어진 본문부터 늦게 만들어진 본문 순으로 다루겠다.

---

21 논문에 인용한 에녹 1서 본문은 송혜경, 『구약 외경 1』에, 바룩 2서, 에즈라 4서, 바룩 3서 본문은 송혜경, 『구약 외경 2』에 실려 있다. 에녹 1서와 바룩 3서는 그리스어 본문에서, 바룩 2서와 에즈라 4서는 시리아어 본문에서 우리말로 옮긴 것이다. 논문 성격에 맞추어 우리말 번역에 약간의 수정을 가한 경우도 있다.

1. 1에녹 1—36장

유다교 부활 희망이 명시된 현존 최고最古의 본문은, 기원전 3세기에 저술된 1에녹 1—36장으로 여겨진다. 죽은 자들의 처소를 묘사하는 구절에 쓰인 '일어나다, 일으켜지다'라는 뜻의 단어가 부활을 가리키는 것으로 해석될 수 있어서다(1에녹 22,13).

"감시자들의 책"이라는 제목으로도 알려진 1에녹 1—36장은 유다교 신학사에서 가장 중요한 작품 가운데 하나로 꼽힌다. 기원전 3세기에 만들어진[22] 이 책에는 종말론, 신정론, 악마/사탄 개념, 사후 개념 등 초기 유다교에 나타나기 시작한 중요한 개념들이 총망라되어 있다. "감시자들의 책"이 그 모든 개념들의 시작을 보여준다고 해도 지나치지 않다. 사후 개념과 관련해서는 1에녹 17—36장, 더 좁히면 21—27장이 중요하다. "감시자들의 책" 후반부에 해당하는 17—36장은, 에녹이 천사들의 인도로 '땅 끝과 그 너머의 세계'를 여행하면서 목격한 내용으로 구성된다.[23] 특히 '죽은 이들의 처소' 대목(22장)은 유다교 신학사에서 하나의 이정표가 되는 개념을 담고 있다. 바로 '죽은 이들의 부활'이다.

1.1. 죽은 이들의 처소: 개인적 종말론

이제부터 1에녹 22장을 조금 자세히 들여다보겠다.[24] 이 본문에서 '죽은

---

22 Nickelsburg/VanderKam, *1 Enoch : the Hermeneia Translation*, 2-3; Nickelsburg, *1 Enoch : a Commentary on the Book of 1 Enoch*, 304.
23 1에녹 17—36장은 에녹의 첫 번째 저세상 여행(17—19장)과 두 번째 저세상 여행(21—36장)으로 구성된다. 두 번째 여행에는 지상 여행도 포함된다.
24 1에녹 22장은 크게 네 부분으로 나뉜다. 1—4장: 구렁들에 대한 첫 번째 소개; 5—7장: 호소하는 영에 대한 설명; 8—13장: 구렁들에 대한 두 번째 소개; 14장: 에녹의 찬양.

이들의 처소'나 '부활'과 직접 관련 있는 곳은 22,1-4 및 22,8-13이다. 22,1-4 에서 에녹은 서쪽 땅 끝에서 높고 거대한 산을 보는데, 그 산에는 네 개의 깊은 구렁이 나 있었다고 한다. 천사는 그 구렁들이 "죽은 영혼들의 영이 모이는 곳"이라고 알려 준다.

> 22,1 나는 그곳(천사들의 감옥)에서 나와 다른 곳으로 갔습니다. 천사는 나에게 서쪽에 있는 또 다른 거대하고 높은 산을 가리켰습니다. 그 산은 단단한 바위로 이루어져 있었습니다. 2 그 산에는 깊은 심연을 가진, 매우 미끄러운 구렁이 네 군데 있었는데, 그 가운데 셋은 어둡고 하나는 밝았습니다. 물이 나오는 샘이 (밝은 구렁) 한가운데에 있었습니다. 나는 말하였습니다. "이 구렁들은 얼마나 미끄럽고 깊습니까? 그리고 얼마나 어두워 보입니까?" 3 그러자 거룩한 천사들 가운데 하나로서 나와 함께 있던 라파엘이 대답했습니다. 그가 내게 말했습니다. "이 구렁들은 **죽은 영혼들의 영**이 모이는 곳이다. 그들은 이곳에 오기로 정해졌다. 그래서 사람들의 모든 영혼이 이곳에 모이게 된다. 4 이곳은 그들이 심판 날까지 그리고 분리의 때까지, 곧 그들에게 위대한 심판이 내리기로 정해진 시간까지 모여 있도록 만들어졌다."

1에녹 22,1-4에 따르면 죽은 모든 영(혼)들이,[25] 선한 영혼이든 악한 영혼이든, 서쪽 구렁에 모여서 심판 날까지 지내야 한다. 죽은 이들의 영혼은 마지막 심판 때까지 구렁에 있도록 정해졌다는 것이다. 밝은 구렁은 의인들을 위한 곳, 어두운 구렁은 그 나머지 사람들을 위한 곳임이 짐작되지만 구체적인 내용은 언급되지 않는다. 그런데 죽은 모든 영혼이 위대한 심판 때까지 구렁

---

[25] 1에녹 22장에서 'ψυχή'와 'πνεῦμα'가 별 차이 없이 쓰이고 있다. 본문에 ψυχή가 쓰였으면 '영혼', πνεῦμα가 쓰였으면 '영'이라고 옮겼다.

들에 모여 있다고 하는 22,3-4은, '마지막 심판'을 기점으로 영혼들의 처지가 달라질 것을 암시한다. 최후의 심판 뒤에는 영(혼)들이 더 이상 구렁에 있지 않을 것이며 서로 다른 결말을 맞게 되리라는 것이다. 구렁들의 구체적인 구분과 마지막 때 있을 변화에 대해서는 22,8-13에 제시된다.

> 22,8 그 뒤 나는 구렁들에 관해 물었습니다. "이것들은 무엇 때문에 서로 갈라져 있습니까?" 9 그(라파엘)가 나에게 답하며 말하였습니다. "이 세 구렁은 죽은 이들의 영들을 갈라놓기 위해 만들어졌다.
> 그리고 이렇게 의인들의 영들을 위한 구렁이 따로 만들어졌다. 그 안에는 (의인들을 위한) 빛나는 물의 샘이 있다.
> 10 그리고 이렇게 죄인들의 구렁이 만들어졌다. 죄인들이 죽어서 땅에 묻혔는데, 그들이 살아 있는 동안에는 심판이 내리지 않은 경우를 위해서다. 11 여기서(ὧδε) 죄인들의 영들은 (다른 영들과) 따로 떨어져 위대한 심판의 날까지 엄청난 고문을 받게 된다. 저주받은 자들은 고통과 고문을 영원히 당할 것이다. 이것이 그 영들이 받게 될 보상이다. 그는 그들을 그곳에(ἐκεῖ) 영원히 묶어둘 것이다.
> 12 그리고 이렇게 호소하는 이들의 영들을 위한 구렁이 따로 만들어졌다. 죄인들의 시대에 살해당한 그들은 (자기네가 입은) 파괴에 대해 고발하고 있다.
> 13 그리고 이렇게 경건하지 않은, 죄 많은 사람들의 영들을 위한 구렁이 만들어졌다. 그들은 불법을 일삼는 자들과 동반자가 될 것이다. 그러나 영적인 일을 말하자면, 여기서 벌 받는 자들은 상대적으로 적은 벌을 받는다. 따라서 그들은 심판 날에 영원한 벌을 받지는 않을 것이다. 그러나 여기에서(ἐντεῦθεν) 일으켜지지도 않을 것이다."

1에녹 22,8-13에서는 영혼들의 특성에 따라 서로 다른 구렁에서 지낸다고 한다. 의인은 의인끼리 악인은 악인끼리라는 것이다. 그런데 여기서 구렁의 개수가 셋인지 넷인지 분명하지 않다. 22,9ㄱ에서는 구렁이 세 개로(?) 제시되지만 9ㄴ-13에서는 구렁 수가 다소 애매하게 읽히기 때문이다. 문제는 12절 '호소하는 영들'의 구렁과 13절 '경건하지 않은 자들'의 구렁이 같은 곳인가 다른 곳인가이다. 그리스어 문장을 고려하면 12절과 13절을 따로 읽는 것이 맞다. 그리스어 본문에서 각 구렁의 도입부(22,9; 22,10-11; 22,12; 22,13)가 모두 καὶ οὕτως ἐχωρίσθη 또는 καὶ οὕτως ἐκτίσθη(그리고 이렇게 따로 만들어졌다/그리고 이렇게 만들어졌다)로 시작한다.[26] 이런 특성을 고려하면 12절과 13절이 각기 다른 구렁을 묘사하는 것으로 읽힌다.

22,9 καὶ οὕτως ἐχωρίσθη …	그리고 이렇게 (의인들의 영들을 위한 구렁이) 따로 만들어졌다.
22,10 καὶ οὕτως ἐκτίσθη …	그리고 이렇게 (죄인들의 구렁도) 만들어졌다.
22,12 καὶ οὕτως ἐχωρίσθη …	그리고 이렇게 (호소하는 이들의 영들을 위한 구렁도) 따로 만들어졌다.
22,13 καὶ οὕτως ἐκτίσθη …	그리고 이렇게 (경건하지 않은, 죄 많은 사람들의 영들을 위한 구렁도) 만들어졌다.

문장론적 관점에서 볼 때 적어도 그리스어 본문에서는 구렁이 네 곳으로 읽힌다. 22,9ㄱ에서 "세 구렁"이라고 명시하지 않았다면 네 구렁이라는 데 별 의문이 없을 것이다. 어떤 식으로 해석하든 12절 '호소하는 이들의 영'과 13절 '경건하지 않은 영들'은 의인들의 영(22,9)이나 죄인들의 영들(22,10-11) 사이에 있는 중간 계층의 영들임에는 틀림없다. 중간 계층이 하나냐 둘로 세분되

---

26 니켈스부르크는 "καὶ οὕτως"를 모두 "καὶ οὗτος"(그리고 이것은)로 고쳐 읽는다: Nickelsburg, *1 Enoch: a Commentary on the Book of 1 Enoch*, 300-301. 그러나 에티오피아어 본문도 "이런 식으로" 또는 "그렇게"로 읽는 것을 감안하면 그리스어 본문을 바꿀 필요가 없다. οὗτος 없이도 동사의 숨은 주어(3인칭 단수)가 앞 문장의 "구렁"을 가리킬 수 있다.

느냐의 차이다.

어떻든 1에녹 22장은, 죽은 의인들의 영들과 악인들의 영들 그리고 그 중간에 해당하는 영들이 서로 떨어져서 지낸다는 생각을 표현한다. 이는 '감시자들의 책'이 죽은 모든 이들이 차별 없이 셔올로 간다고 하는 구약성경의 기조(욥 3,13-19)에서[27] 벗어났음을 보여준다. 죽은 뒤에 의인들과 악인들이 서로 다른 곳에 모인다는 것이다. 1에녹 22장의 새로움은 여기서 그치지 않는다. 구약성경은 죽은 이들이 그저 잠자듯 지내는 것으로 묘사하지만(욥 3,13; 시편 139,8)[28] 1에녹 22장은 죽은 이의 영(혼)들이 상이나 벌을 받고 있다고 한다. 이런 식의 묘사는 유다인들의 사후 개념에 큰 변화가 찾아왔음을 보여준다. 악한 자나 선한 자나 죽고 나면 모두 같은 운명이라는 개념 대신 각자의 삶에 따라 죽음 직후부터 상 또는 벌을 받게 된다는 개념으로 바뀐 것이다.[29] 이런 식의 개념 변화는 사후 운명의 '개인화'라고 불러도 될 듯하다.

1.2. 죽은 이들의 부활: 집단적 종말론

1에녹 22장은 개인의 사후 운명, 곧 개인적 종말론에서 멈추지 않는다. 개인화된 사후 운명(개인적 종말론)과 집단적 종말론이 결합하여 통합적 형태의 사

---

27 구약성경에서 셔올은 죽은 모든 이가 가는(시편 89,49) 지하세계로서(이사 14,9.15; 에제 32,21), 한 번 가면 다시 돌아오지 못하는 어둠과 암흑의 땅(욥 7,9; 10,21; 16,22; 지혜 2,1), '침묵의 땅'(시편 94,17; 115,17), '멸망의 나라'(시편 88,12), '망각의 나라'(시편 88,13) 등으로 묘사된다. 히브리어 셔올(שְׁאוֹל *Sheol*)은 그리스어 성경에서 하데스(ᾅδης)로 옮겨진다.

28 구약성경 저자들은 죽은 이들의 상태를 '잠'에 비유했다. 이런 맥락에서 다니 12,1-3은 부활을 잠에서 깨어나는 것으로 묘사한다. 이스라엘 백성의 복원에 대한 희망을 부활로 표현한 이사 26,19도 부활을 잠에서 깨어나는 것으로 묘사한다. 구약성경에서 죽은 이들의 상태가 '잠'에 빗대어 지고 있음은, 송혜경, "외경의 질문들 17"을 참조하라.

29 니켈스부르크에 따르면, 1에녹 22장은 유다교 문학 최초로 "사후 심판"(postmortem judgement) 개념을 드러낸다. Nickelsburg, *1 Enoch : a Commentary on the Book of 1 Enoch*, 304.

후 개념으로 발전했음이 본문에서 관찰된다. 두 종말론을 이어주는 연결고리는 최후 심판과 죽은 이들의 부활이다. 실제로 1에녹 22,13은 마지막 때가 되면 죽은 이들의 영(혼)이 상태 변화를 맞게 될 것을 암시한다. 이러한 상태 변화는 '일어나는' 동작으로 표현된다. "경건하지 않은, 죄 많은 사람들의 영들"이라고 묘사된 영들은 심판 날에 "여기에서 일으켜지지도 않을 것"이라고 선언하는 구절이다(22,13). 이 구절에서 '일으켜지다'로 옮긴 μετεγερθῶσιν는 μετεγείρω 동사의 접속법 아오리스트 수동태 3인칭 복수에 해당한다. 이 동사가 대다수 '고전 그리스어 사전'이나 '신약성경 그리스어 사전'에 등록되어 있지 않지만 그 뜻을 유추하기는 어렵지 않다. μετά와 ἐγείρω의 합성어인 이 단어는 '일으키다', '깨우다'라는 뜻의 ἐγείρω에서 크게 의미가 벗어나지 않을 것이다. ἐγείρω는 ἀνίστημι와 함께 신약성경에서 부활을 가리킬 때 가장 자주 쓰이는 동사다(마태 16,21; 요한 5,21; 사도 5,30; 1코린 15,15 등). μετά가 다른 동사와 결합하여 합성동사를 만들 때 위치나 장소 및 상태의 변화를 부각하는 점(Liddell-Scott)을 고려하면 μετεγείρω는 '누운 상태에 있는 것을 일으키다', '잠든 상태에 있는 것을 깨우다', 또는 그저 '다시 일으키다', '다시 깨우다' 등의 뜻이 될 법하다. 신약 및 교부 시대 그리스어 사전인 Lampe에는 μετεγείρω가 등록되어 있는데, 이에 따르면 이 단어의 수동태가 1에녹 22,13 외에 아폴리나리우스의 저술에서 '일어나다'는 뜻으로 쓰였다.[30] 엘레지(Ellege)는, 에티오피아어 에녹 1서 본문에 사용된 *našʾa* 동사(*waʾiyetenašu*, "일으켜질 것이다")가, 나중에 에티오피아어 성경에서 부활을 가리킬 때 사용된다고 한다.[31] 그

---

30 Lampe, *A Patristic Greek Lexicon*, 863.
31 다니 12,2; 마태 20,19; 22,28 등. Elledge, "Resurrection and the Book of Watchers", 136. 엘레지에 따르면, 이 구절을 담은 아람어 본문에서는 '일어나다'에 해당하는 동사 부분이 훼손되어 있다. 비평본문을 만든 밀릭(Mililk)은 그리스어 본문과 에티오피아어 본문을 바탕으로 '일어나다'는 뜻의 *qûm* 동사를 써서 문장을 복원한다(]ן[יתקומו]: 4QEnd (4Q205

리스어 μετεγείρω와 에티오피아어 naśʾa 둘 다 후대 본문에서 부활을 가리키는 용도로 쓰인다는 것이다. 구약성경에서 죽음이 '잠'에 빗대어진다는 점을 고려하면, 부활을 '잠에서 깨어남', '자리에서 일어남'을 뜻하는 동사로 표현한 것이 매우 합리적으로 여겨진다. 실제로 죽은 이들의 부활을 묘사한 이사 26,19이나 에제 37,10에 사용된 동사가 각각 '일어나다'는 뜻의 קוּם(qûm 칠십인역: ἐγείρω)과 עָמַד(ʿmad 칠십인역: ἵστημι)다. 에제키엘서와 이사야서를 잘 알던 에녹 1서 저자가 두 본문에 사용된 동사를 써서 부활 신앙을 표현했을 법하다. 1에녹 22,13의 그리스어 μετεγείρω와 에티오피아어 naśʾa를 부활의 의미로 읽을 수 있다는 뜻이다. 구약성경에서 백성의 복원에 대한 은유로 쓰이던 '다시 일어나다'가 에녹 1서에서는 실제로 죽은 이가 부활한다는 뜻으로 쓰이게 된 셈이다.

1.3. 부활의 의미

1에녹 22,13이 말하는 죽은 자들의 부활은 정확히 무엇을 가리키는 것일까? 엘레지는 1에녹 22,13의 부활을 영들이 구렁에서 일으켜져 땅위로 올려지는 것이라고 해석한다. 그는 22,11의 "여기"(ὧδε 구렁)와 "그곳"ἐκεῖ의 대비에 주목하면서 부활이란 '여기'에 있던 영들이 일으켜져 '그곳'으로 옮겨짐을 의미한다고 주장한다. 또한 중간 계층들은 "여기에서"ἐντεῦθεν 일으켜지지도(22,13), 따라서 '그곳'으로 옮겨지지도 않는다고 한다.[32] 다시 일으켜진 영들이 옮겨질 '그곳'은 1에녹 24—27장을 통해 유추할 수 있다. 24—27장에 의인들의 영은 '낙원'(24—25장), 죄인들의 영은 저주받은 골짜기로 옮겨질 것임이 암시되어 있

---

frg. 1 line 1)): Milik, *The Books of Enoch*, 219. Elledge, "Resurrection and the Book of Watchers", 136에서 재인용.

32 Elledge, "Resurrection and the Book of Watchers", 138.

다(26—27장). 이런 맥락에서 22,13에 담긴 '부활'은, 구렁에서 지내던 '영'들이 땅 위의 낙원 혹은 저주받은 골짜기로 옮겨지는 것으로 이해할 수 있다. 부활은 육신의 부활이 아니라 '영'의 부활이라는 것이다.[33]

그런데 22,13을 반드시 영의 부활로 해석할 필요는 없다. 1에녹 22장의 앞뒤 문맥을 고려하면 1에녹 22,13의 부활은 '영과 육신'의 부활로 이해된다. 22장 본문에 영과 육신이 결합하는 시점이 언제인지는 밝혀져 있지 않다. 그러나 24—25장에서 그려지는 새 시대의 삶이 영과 육이 함께 영위해 나가는 물질적, 지상적 삶이다. 낙원에서 살아갈 새 시대의 인간이 '영'만이 아니라 육신을 지닌 존재임은, "(생명 나무의) 향기가 그들의 뼈 속에 스며들고, 그들은 너의 조상들처럼 오랜 삶을 살 것이다"라는 표현에서 잘 드러난다(25,6).[34] 게다가 최후의 심판 뒤에 펼쳐질 낙원과 지옥 자체가 '땅 위'의 장소로 그려진다. 새 세상이 저 하늘 위가 아닌 지상에 있는 낙원이며(24—25장), 악인들의 골짜기도 땅 속 깊은 지하가 아니라 땅 한복판이라고 한다(26—27장). 부활한 인간이 낙원 또는 골짜기에서 새로운 실존을 이어 나간다는 것이다.

24—27장에 제시된 새 시대의 삶이 영과 육이 결합된 인간으로서의 삶임은 분명해 보인다. 그렇다면 22,13의 부활은, 영의 '위치 이동'(구렁에서 낙원으로, 또는 구렁에서 골짜기로)만이 아니라 '육신과의 결합'도 내포한 것으로 이해해야 할 것이다. 1에녹 22,13의 부활은 영만의 부활이 아니라 영과 육신의 부

---

33 그렐로는 1에녹 22,13이 말하는 부활이 1에녹 91—105("에녹의 편지")에서 발견되는 "영적 부활" 또는 "영의 부활"(spiritual resurrection) 개념과 흡사하다고 한다: Grelot, "L'eschatologie des Esséniens et le livre d'Henoch", 120-121. 콜린스도 1에녹 22,13의 부활을 '영적인 부활'로 해석한다: J.J. Collins, "The Afterlife in Apocalyptic Literature", 129.
34 "그때 그들은 한없이 즐거워하고 기뻐하며 성소로 들어갈 것이다. 그 (생명 나무의) 향기가 그들의 뼈 속에 스며들고, 그들은 너의 조상들처럼 오랜 삶을 살 것이다. 그리고 그들이 살아 있는 날들 동안에 고통과 재앙과 고난이 그들을 덮치지 않을 것이다"(1에녹 25,6).

구약 외경에 나타난 '죽음 이후'

활이라는 의미다.

*　*　*

'감시자들의 책'은 기원전 3세기를 전후하여 유다인들의 사후 개념이 전환점을 맞이했음을 보여준다. 구약성경과 비교했을 때 1에녹 1—36장의 새로움은 다음과 같다.

첫째, 죽은 뒤 의인들의 영들과 악인들의 영들, 그리고 중간에 해당하는 영들이 따로 떨어져서 지낸다는 생각의 출현이다. 구약성경의 셔올은 죽은 모든 이들의 영혼이 아무 차이 없이 모여드는 곳으로 그려진다. 그런데 1에녹 22장에서는 영혼들이 각자의 삶에 따라 의인들은 의인들끼리, 악인들은 악인들끼리 중간은 중간끼리 따로 모여 지내는 것으로 그려진다. 개별 심판 또는 사심판에 대한 묘사가 명시되지는 않았지만 죽은 인간이 자신에게 해당하는 구렁으로 가기 위해 개별 심판을 거침이 전제되어 있다.

둘째, 이 구렁들은 구약성경의 셔올과 달리 죽은 이들의 종착지가 아니라 일종의 대기 장소, "중간 상태"로 그려진다.[35] 이 처소는 '영'들이 최후의 심판 때까지 한시적으로 머무는 곳이라는 것이다. 의인들은 밝은 구렁에서 물과 빛을 누리고, 악인들은 어두운 구렁에서 고통과 고문을 받는 것으로 그려진다. 죽은 이들의 영혼들이 최후의 심판 이전부터 각자에 맞는 상이나 벌을 받고 있다는 것이다. 상이나 벌을 받기 위해 마지막 시대까지 기다릴 필요는 없다는

35　니켈스부르그는, 1에녹 22장에 묘사된 구렁들이 구약성경의 셔올과 달리 죽은 자들의 마지막 거주지로 그려지지 않음을 관찰한다. 죽은 이들의 영들이 죽음과 최후 심판 사이의 "중간 상태"(intermediate state)에 있다는 것이다. 그리고 죽은 이들이 죽음 직후부터 이미 상이나 벌을 받고 있음에 주목한다: Nickelsburg, *1 Enoch : a Commentary on the Book of 1 Enoch*, 304. 엘레지도 1에녹 22장을 최후 심판 전까지의 "중간 상태"(interim state)에 대한 묘사로 여긴다: Elledge, "Resurrection and the Book of Watchers", 147.

의미다. 물론 중간 상태에서 받는 상과 벌은 영원한 것도, 최종적인 것도 아니다. 아직 최후의 심판과 그 이후가 남아 있기 때문이다.

셋째, 1에녹 22,13에 따르면, 의인도 죄인도 아닌, 중간에 해당하는 영들은 그들이 머무는 곳에서 일으켜지지 않으리라고 한다. 중간에 해당하는 영들은 다시 일어나지도 영원한 벌을 받지도 않는다는 것이다.[36] 이 진술에는 때가 되면 선한 영들과 악한 영들은 부활하여 최후의 심판에 참여하리라는 뜻이 내포되어 있다. 1에녹 22,13이 죽은 이들의 부활을 이야기하고 있는 것은 분명하다. 단, 죽은 모든 이들의 부활이 아니라 일부의 부활이다. 죽은 모든 이가 동시에 일으켜지는 '보편적 부활'(universal resurrection)은 아니지만 중간 계층을 제외한 모든 이들이 한꺼번에 일으켜지는 '일반적 부활'(general resurrection)이라는 것이다.[37]

넷째, 1에녹 22장은 '부활 후 최후심판'을 명시한 최초의 유다교 본문으로 간주된다.[38] 여기서 부활은 최후의 심판과 직접 연결된다. 최후의 심판에 나가기 위해 의인과 악인의 영들이 다시 일어난다는 것이다. 여기서 부활은 개별적 사건임과 동시에 집단적 사건으로 제시된다. 이 책에서 개인적 종말론과 집단적 종말론을 이어주는 개념은 '최후의 심판'과 '죽은 이들의 부활'이다.

다섯째, 죽은 이들의 처소, 심판과 부활에 담긴 가장 중요한 의미는 하느님은 정의로우신 분이시며 그분의 정의는 이 세상뿐 아니라 저 세상에까지 미친다는 것이다. 각자의 삶에 대한 값은 (상이든 벌이든) 저 세상에서라도 반드시 치러진다는 의미다.

여섯째, '삼층 우주관'을 따르는 1에녹 1—36장에서는 저승이 산속 깊은 구

---

36 그들은 마지막 심판 때에도 계속 구렁에 머물러 있는 듯하다.
37 다니 12,2도 '많은 이들'이 부활하리라고 말하지 '모든 이들'이 부활한다고 말하지는 않는다.
38 Reed, "Enoch, Eden, and the Beginnings of Jewish Cosmography", 82.

	개인의 죽음 ↓	부활 및 최후의 심판 ↓
이 세상 삶	중간 상태	최종-다가올 시대/세상
지상	구렁(산 속 깊은 구렁)	지상(낙원/골짜기)
영육	영	부활한 영육
	상/벌	상/벌

렁으로 그려진다. 그리고 최후의 심판 뒤 맞이할 낙원과 지옥은 모두 땅 위에 있는 것으로 묘사된다. 하늘은 여전히 하느님과 그 천사들에게만 제한된 처소다. 마지막 때, 최후의 심판 이후에 시작되는 새 시대 새 세상도 여전히 땅 위에서 전개되는 지상의 삶이라는 것이다.

―

기원전 3세기 에녹 1서에서 유다교 사후 개념의 초석이 마련되었다면, 기원후 1세기 바룩 2서나 에즈라 4서에서는 사후 개념이 상당히 상세한 지점까지 구체화되어 있음을 관찰할 수 있다. 두 작품은 에녹 1서의 기본 틀을 유지하면서 개인의 사후 운명과 집단적 운명을 하나의 체계로 통합하고 있다. 먼저 바룩 1서를 살펴보고 이어서 에즈라 4서를 살피겠다.

2. 바룩 2서

바룩 2서는 익명의 저자가 바룩의 이름을 빌려 저술한 차명 작품으로 묵시문학 장르에 속한다. (시리아어) 바룩 묵시록이라고도 알려진 바룩 2서는 기

원후 70년 로마인들에 의한 예루살렘 성전의 붕괴와 몰락을 배경으로 만들어졌다.[39]

1세기 말(100년경) 유다 또는 그 인근에서 유다인 저자에 의해 만들어졌으리라 추정되는[40] 바룩 2서는, 본디 히브리어나 아람어로 쓰였을 법하나[41] 원본은 남아 있지 않으며, 지금은 시리아어, 그리스어, 라틴어 등으로 전해진다. 바룩 2서 전문全文을 담은 시리아어 역본은 6-7세기 페쉬타 필사본인 코덱스 암브로시아누스 B.21(Codex Ambrosianus B.21)에 전해진다.[42] 이 시리아어 역본은 그리스어 본문을 대본으로 삼았을 것이다.[43]

바룩 2서는 개인의 사후 운명과 인류 전체의 운명을 잘 조화시키고 있다. 여기서도 둘을 연결하는 것은 죽은 이들의 부활과 최후의 심판이다. 최후의 심판 이후에 새로운 시대, 새로운 세상이 펼쳐질 터인데, 그 시대에 참여할 수 있는 이는 심판 후 영화로운 형상으로 변화한 의인들뿐이라고 한다. 악인들은 새 시대에 참여하지 못한다는 것이다. 특이사항은 현 시대와 새 시대 사이에 메시아 시대가 놓여 있다고 하는 점이다. 시간적 순서로 보면 현시대 → 메시아 시대 → 죽은 이들의 부활 → 최후의 심판 → 형상 변화 → 새 시대

---

39 Jones, *Jewish Reactions to the Destruction of Jerusalem in A.D. 70: Apocalypses and Related Pseudepigrapha*, 18-38.

40 Nickelsburg, *Jewish Literature Between The Bible And The Mishnah: A Historical and Literary Introduction*, 277-282; Charlesworth, "4 Ezra and 2 Baruch: Archaeology and Elusive Answers to Our Perennial Qustions", 156-162.

41 Gurtner, *Second Baruch: A Critical Edition of the Syriac Text*, 10-13.

42 바룩 2서는 코덱스 암브로시아누스 B.21, fols. 257a-265b에 전해진다. 바룩 2서 바로 뒤 (fols. 267a-276b)에 에즈라 4서 전문이 전해진다: Gurtner, *Second Baruch: A Critical Edition of the Syriac Text*, 6-10.

43 Gurtner, *Second Baruch: A Critical Edition of the Syriac Text*, 10-13; Pentiuc, "The Nature of the Resurrected Bodies: 2Baruch and the New Testament", 309 참조.

(와 게헨나)다.

2.1. 개인적 종말론: 개인의 사후 운명

개인의 사후 운명은 구약성경과 비슷한 점도 있고 다른 점도 있다. 가장 큰 차이는 1에녹 22장에서처럼 의인들과 악인들이 서로 다른 곳에서 지낸다고 하는 점이다. 죽은 이들의 처소는 지하의 셔올로 그려지는데(2바룩 23,5; 52,2), 의인들의 영혼은 셔올 안쪽 "영혼들의 보고"에서 따로 지낸다고 한다.[44] 구약성경의 셔올이 세분화 또는 구획화되었다고 볼 수 있다.

죽은 이들의 처소 셔올과 영혼들의 보고가 땅 속이라는 것은 부활을 묘사하는 장면에서 잘 드러난다. 땅이 받아들인 몸을 "그때"에는 다시 내어놓아야 한다는 대목에서다(50,2).

50,2 지금은 땅이 자기 안에 담아두려고 받아들이는 죽은 이들을, 그때에는 반드시 다시 내놓을 것이다. … 땅이 받아들인 모습 그대로 그들을 다시 내놓을 것이다. 그리고 내가 땅에게 넘겨준 모습 그대로 땅이 그들을 다시 일으킬 것이다 (50,2).

죽음 이후 영혼들의 상태는 30,1-2에 묘사된다. 메시아 시대가 끝나면 죽은 이들이 부활하리라고 선언하는 대목이다.

30,1 이 일들이 있은 다음에, 곧 메시아 오심의 때가 다 채워지고 영광중에 그가

---

[44] "셔올을 봉인하여 이제부터는 죽은 자들을 받아들이지 않게 하십시오. 그리고 영혼들의 보고들이 그 안에 갇혀 있는 자들을 돌려놓게 하십시오"(2바룩 21,23). 2바룩 24,1; 30,2도 참조. 4에즈 4,41도 셔올과 영혼들의 곳간을 구분한다. 4에즈 4,31도 참조.

돌아가면, 그분을 희망하며 잠들어 있는 모든 이가 일어날 것이다. ² 그때에 의인들의 영혼이 보존된 보고들이 열리고 그들이 나올 것이다.

30,1에서 죽은 이들은 땅속에서 잠자듯 지내는 것으로 묘사된다. 이는 구약성경의 묘사(욥 3,13; 시편 13,4; 예레 51,39; 다니 12,2.13)와 비슷하다.[45] 특별히 악인들의 영혼이 '중간 상태'에서 벌을 받고 있다는 설명도 없다. 11,4에서는 죽은 이들은 안식에 들어 슬픔이 없다고 한다. 셔올에 있는 죽은 자들이 살아 있는 우리보다 더 행복하다는 설명도 있다.

11,4 저희 선조들은 안식에 들어 슬픔이 없습니다. 그리고 의로운 이들은 안식을 누리며 땅에 누워 있습니다. … ⁶ 땅아, 너에게 귀들이 있었으면! 그리고 먼지야, 네게 마음이 (있었으면)! 너희가 셔올에 가서 죽은 자들에게 선언했을 텐데! '너희들은 행복하다, 살아 있는 우리보다 더!'라고.

결국 바룩 2서에서는 죽은 뒤 의인과 악인이 따로 지내기는 하지만 에녹 1서에서와 달리 "중간 상태"에서 상이나 벌을 받는다고 하지는 않는다. 이 점에서 바룩 2서의 셔올은 구약성경의 셔올 개념에서 그리 멀지 않다.

2.2. 집단적 종말론: 인류의 최종 운명

바룩 2서는 마지막 시대와 인류의 최종 운명에 대해서도 심도 깊게 다룬

---

45 구약성경에서 죽음은 종종 조상과 함께 잠드는 것으로 묘사된다. 신명 31,16; 2사무 4,5; 1열왕 1,21; 2,10 등. 신약성경에도 죽은 이들의 상태를 '잠'에 비유하는 경우가 있다. 1코린 15,17-18: "그리스도께서 되살아나지 않으셨다면, 여러분의 믿음은 덧없고 여러분 자신은 아직도 여러분이 지은 죄 안에 있을 것입니다. 그리스도 안에서 잠든 이들도 멸망하였을 것입니다."

다. 1에녹 1—36장과 비교하여 바룩 2서의 새로운 점은 새 시대에 앞서 메시아 시대가[46] 열린다고 묘사하는 점이다. 이는 30,1-5에서 다뤄진다. 메시아 시대가 끝나고 나면 죽은 이들의 부활과 "시간들의 마지막이라고 선포된 그때"가 이어진다고 한다.

> [30,1] 이 일들이 있은 다음에, 곧 메시아 오심의 때가 채워지고 영광중에 그가 돌아가면, 그분을 희망하며 잠들어 있는 모든 이가 일어날 것이다. [2] 그때에 의인들의 영혼이 보존된 보고들이 열리고 그들이 나올 것이다. 그리고 많은 영혼들이 함께, 하나의 모임 하나의 생각으로 나타날 것이다. 그리고 첫째들은 기뻐하고 꼴찌들도 슬퍼하지 않을 것이다. [3] 그들은, 시간들의 마지막이라고 선포된 그때가 다가왔음을 알기 때문이다. [4] 그러나 악인들의 영혼은 이 모든 일들을 목격했을 때 더욱 더 쇠락할 것이다. [5] 자신들의 고통이 다가왔으며 자신들의 파멸이 도착했음을 알기 때문이다."

2바룩 30,1-5에 따르면, 메시아 시대가 끝나고 메시아가 하늘로 돌아가고 나면 죽은 이들이 부활하리라고 한다.[47] 의인 악인 구분 없이 죽은 모든 이가 부활하지만[48] 그들이 맞이할 현실은 서로 다르다고 한다. 의인들은 기뻐할 것이나 악인들은 예전보다 더 쇠락하리라는 것이다. 또한 악인들에게는 부활의 때가 고통과 파멸의 때가 될 것이라고 한다. 2바룩 30,1-5은, 죽은 이들의

46　바룩 2서에서 메시아 시대는 지상의 왕국으로 그려진다(29장; 36—40장; 72—74장).

47　Bogaert, *Apocalypse Syriaque de Baruch*, vol.2, 65; vol.1, 413-414. 1바룩 30,1에서 '일어나다'라고 옮긴 시리아어 동사 ܩܘܡ(qûm)은 히브리어 קום(qûm)과 어원이 같다. 시리아어 성경에서 부활을 가리킬 때 주로 이 단어가 쓰인다.

48　바룩 2서는 죽은 모든 이가 부활한다는 보편적 부활(universal resurrection) 희망을 드러낸다. 이는 2바룩 50,2-4에서 명시되어 있다.

부활에 이어 새 시대가 열릴 것을 암시한다. 여기서 새 시대는 "시간들의 마지막"이라고 일컬어진다. '메시아 시대 → 죽은 이들의 부활 → 새 시대'의 순서다.[49] 죽은 이들의 부활과 새 시대에 대한 관심은 다음 질문에서 구체적으로 표현된다.

> 49,2 "당신의 날에는 살아 있는 이들이 어떤 형상으로 살게 됩니까? 그 다음에 올 그들의 광채는 어떤 식이 될까요? 3 그들이 지금 이 모습을 다시 취하게 됩니까? 그러고 나서 그들은 사슬로 엮인 이 지체들을 입게 됩니까? … 아니면 혹시 당신께서 이 세상에 있던 그것들을 변화시킵니까? 세상 자체를 변화시키시듯이 말입니다."

여기서 저자는 부활이 구체적으로 어떤 식으로 일어나는지, 세상에는 어떤 변화가 일어나는지 묻고 있다. 부활과 새 시대에 대한 주제는 50—51장에서 구체화된다. 이 주제는 세 단계로 진행되는데 먼저 죽은 모든 이의 부활과 심판(50장), 이어서 '형상 변화'(51,1-5), 마지막으로 최종 운명 순이다(51,6-7). 먼저 죽은 이들의 부활과 심판은 2바룩 50장에서 다뤄진다. 선인이든 악인이든 상관없이 죽은 모든 이가, 생전과 똑같은 모습으로 부활할 것이며 그 다음에 심판이 이어진다고 한다.

> 50,2 "지금은 땅이 자기 안에 담아두려고 받아들이는 죽은 이들을, 그때에는 반드

---

[49] 이러한 시간 구도는 4에즈 7,26-30과 비슷하다. 400년간의 메시아 시대가 끝난 뒤 새 시대가 펼쳐진다는 4에즈 7,26-44에 따르면, 새 시대는 '메시아 시대 → 메시아의 죽음 → 태초의 침묵으로의 회귀 → 새 세상의 깨어남 → 죽은 모든 이들의 부활 → 마지막 심판 → 게헨나와 낙원의 출현' 순으로 진행된다.

시 다시 내놓을 것이다. 그들의 모습에는 아무 변화가 없을 것이다. 땅이 받아들인 모습 그대로 그들을 다시 내놓을 것이다. 그리고 내가 땅에게 넘겨준 모습 그대로 땅이 그들을 다시 일으킬 것이다. ³ 그런 다음에는 죽은 이들이 다시 살아났다는 것과, 떠나갔던 그들이 다시 돌아왔다는 것이 살아 있는 이들에게 알려져야 한다. ⁴ 지금 그들이 알고 있는 이들을 서로 알아보고 나면 그 다음에는 준엄한 심판이 있을 것이다."

2바룩 50,2에 따르면, 죽은 모든 이들이 생전 모습 그대로 부활한다. "땅이 받아들인 모습 그대로"라는 표현에는 바룩 2서가 말하는 부활이 '육신의 부활' 또는 '육신을 포함한 부활'임이 함축되어 있다.[50] 그리고 부활한 모든 이들이 심판을 마주하게 된다고 한다(50,4). 의인과 악인이 예외 없이 모두 부활하여 심판대 앞에 선다는 것이다. 그리고 심판 뒤에는 그 결과에 따라 사람들의 형상이 변화할 것이라고 한다. 형상 변화는 2바룩 51장에서 다뤄진다. 악인들은 심판 전보다 흉측하게, 의인들은 전보다 더 아름답고 영광스럽게 변화된다고 한다.[51] 죽은 이가 부활할 때는 생전과 같은 모습이지만, 심판 뒤에는 그 결과에 따라 악인과 의인이 서로 다른 식으로 변화한다는 것이다.[52] 그리고 영광스럽게 변화된 이만이 새 시대 곧 '죽지 않는 세상'을 받아들일 수 있다고 한다.

---

50 Elledge, *Resurrection of the Dead in Early Judaism 200 BCE-CE 200*, 108; J.J. Collins, "The Afterlife in Apocalyptic Literature", 131. 2바룩 50,2에서 부활을 표현하는 데에 30,1에서처럼 ܩܘܡ(*qûm*)동사가 쓰였다. 50,3에서 '다시 살아나다'로 옮긴 단어는 '살다', '되살아나다'를 뜻하는 ܚܝܐ(*hyoʾ*)다.
51 죽은 이들의 형상 변화에 대해서는 Pentiuc, "The Nature of the Resurrected Bodies: 2Baruch and the New Testament", 309-334 참조.
52 J.J. Collins, "The Afterlife in Apocalyptic Literature", 131.

⁵¹,² 지금 악행을 저지르는 자들의 형상은 지금보다 더 나빠질 것이다. 그리하여 그들은 고통을 받을 것이다. ³ 지금 나의 율법에 따라 의롭게 사는 이들의 영광도 (변화될 것이다). ... 그들의 광채는 변화를 통해 영광스럽게 되고 그들 얼굴의 형상은 아름다움의 빛으로 바뀔 것이다. 그리하여 그들은 자기들에게 약속된, 죽지 않는 세상을 얻고 받아들일 수 있게 된다(51,2-3).

이어서 저자는 형상 변화의 결과를, 의인들은 "천사들의 광채가 되고", 악인들은 "경악스런 외모와 끔찍한 형상으로 한층 더 쇠락할 것"이라고 요약한다(51,5). 마지막으로 이들은 서로의 변화된 모습을 보고난 뒤 각자에게 정해진 운명의 길을 따라가게 된다고 한다(51,6-11). 악인은 "고통"의 장소(51,6), 의인은 구원의 장소로 간다(51,7-11). 51,8-11은 새 시대와 그 시대 의인들에게 일어날 일을 보여준다.

(자신의 행업 때문에 구원받은) ⁵¹,⁸ 그들은, 지금 그들에게 보이지 않는 세상을 보게 될 것이다. 그리고 지금 그들에게 숨겨져 있는 시간을 보게 될 것이다. ⁹ 그리고 더 이상 시간이 그들을 늙게 만들지 않을 것이다. ¹⁰ 그들은 그 세상의 꼭대기에 살게 될 것이다. 그리고 그들은 천사들과 비슷해지고 별들과 흡사해질 것이다. 그리고 어떤 형상으로든 자기가 원하는 대로 변화될 것이다. 아름다움에서 고귀함으로, 빛에서 영광의 광채로! ¹¹ 그들 앞에서 낙원의 폭이 확장되고, 지금 어좌 밑에 있는 생물들의 존엄한 아름다움이 그들에게 드러날 것이다. 천사들의 모든 군대들도 마찬가지다.

2바룩 51,8-11에 따르면, 새 시대는 의인들에게만 드러날 '지금은 보이지 않는 세상', '숨겨진 시간'이다. 이때 의인들은 더 이상 늙지도 않고 천사나 별들과 비슷해지며, 아름다움과 고귀함, 빛과 영광을 입을 것이라고 한다. 이렇게 영광의 모습으로 변화한 이들에게만 "낙원"이 드러나리라는 것이다.

* * *

바룩 2서에서 사후 개념과 관련하여 눈여겨 볼 사항은 다음과 같다.

첫째, 바룩 2서도 에녹 1서처럼 죽은 의인들의 영혼과 악인들의 영혼이 따로 떨어져 지내는 것으로 묘사한다. 중간 계층에 대한 언급은 없다. 죽은 이의 영혼은 바로 사심판을 거쳐(명시되지는 않는다) 두 장소로 나뉘어 가는 것 같다. 의인의 영혼은 셔올 안 "영혼들의 보고"에, 의인을 제외한 나머지 영혼들은 셔올에 있는 것으로 그려진다. "중간 상태"에서 상벌을 받지는 않는 듯하며 그저 '잠'이나 '안식'에 들어 있는 것으로 묘사된다.

둘째, 에녹 1서에서처럼 바룩 2서에서도 개인의 종말과 집단적 종말이 연결된다. 그리고 부활과 최후의 심판을 기점으로 죽은 이들의 처지가 변화하는 것으로 그려진다. 죽은 이들의 영혼은 셔올과 '영혼들의 보고'라는 "중간 상태"에 머물러 있다가 메시아 시대를 지나 마지막 때가 되면 부활한다고 한다. 이때 이들은 살아생전과 똑같은 모습으로 부활하는 것으로 그려진다. 바룩 2서가 말하는 부활은 '육신'의 부활이 분명한 셈이다. 그리고 부활한 이들은 모두 최후의 심판을 거친 다음 형상이 변화한다고 한다. 의인들은 전보다 더 영화롭게, 악인들은 전보다 더 끔찍하게 변화한다. 그렇게 변화된 형상으로 의인들은 영원한 시간/새로운 시대에 들어가고, 악인들은 "고통"(=불 속, 게헨나)으로 들어간다고 한다(44,12).

셋째, 바룩 2서는 사후 운명에 대한 각 개인의 책임을 부각시키면서 인간이 스스로 자신의 운명을 선택했음을 표현한다(51,16; 54,14-19). 상과 벌은 스스로 선택한 것이라는 관점이다. 살면서 어떤 선택을 했느냐에 따라 죽은 뒤 그 선택에 맞갖은 결과를 받게 된다는 것이다. 각 개인이 스스로에 대한 책임을 오롯이 져야 한다는 의미다.[53]

	개인의 죽음 ↓		메시아의 도래 ↓	부활 및 최후의 심판 형상변화 ↓
이 세상 삶	중간 상태		메시아 시대	다가올 시대/세상
지상	지하 셔올과 영혼들의 보고		지상의 메시아 왕국	지상 낙원/고통 (게헨나 불속)
영육	영(혼)			부활 후 변화한 육신
	상벌 없음(잠, 안식)			상/벌

넷째, 죽은 자들의 처소는 땅 속 지하로 묘사된다. 이는 땅 속에 누워 잠든 이들이라는 표현에서 드러난다. 땅이나 셔올의 곳간이 담고 있는 영혼들을 내놓는다는 표현도 죽은 이들의 처소가 지하임을 암시한다.

다섯째, 다가올 세상은 땅 위 지상인 듯하다. 이는 형상이 변화한 이들에게 낙원이 나타난다는 말에서 유추된다. 새 세상이 다가온다는 표현,[54] 새 시대가 보이게 된다는 표현들도 이를 암시한다.[55] 새 세상, 새 시대는 이 세상에서 펼쳐진다는 것이다. '다가올 세상'(44,15)은 '약속된 시대'(44,13), '죽지 않는 세상'(51,3)이라고도 불린다. 다가올 세상은 저 멀리 하늘에 있는 것이 아니라 이

---

[53] 개인의 선택과 책임에 대한 성찰은 에즈라 4서의 주요 주제이기도 하다. 4에즈 7,104-105, 특히 105절을 보라: "이처럼 나중에 그날에도, 다른 사람을 대신하여 아무도 탄원할 수 없을 것이다. 누구도 자기 짐을 다른 사람 위에 지울 수도 없을 것이다. 모두가 각자 자기의 의로움 또는 불의의 짐을 질 것이다."

[54] "자, 앞으로 오기로 된 것이 갈구의 대상이 될 것이다. 그 다음에 올 것, 우리는 그것을 희망하게 될 것이다. 사실 그것은 사라지지 않는 시간이다. 영원히 지속되는 시간과 새로운 시대가 오고 있다"(2바룩 44,11).

[55] "(자신의 행업 때문에 구원받은) 그들은, 지금 그들에게 보이지 않는 세상을 보게 될 것이다. 그리고 지금 그들에게 숨겨져 있는 시간을 보게 될 것이다"(51,8).

세상에서 펼쳐지지만 오직 형상이 변화된 자들만 그 세상을 받아들일 수 있으며(51,3) 의인들만 그 세상을 볼 수 있다고 한다(51,8).

다른 한편, 바룩 2서에서 말하는 다가올 세상은 지상의 세상이기는 하지만 지금 세상과 같은 것은 아니다. 그 세상은 이 세상은 물론이고 메시아 시대와도 비교할 수 없이 좋은 세상이다.[56] 메시아 시대는 "멸하는 것의 종말이며 멸하지 않는 것의 시작"일 따름이다(74,2). 마지막 때에 하느님이 세상 자체를 변화시킨다는 표현도 나온다. 부활한 이들의 형상 변화가 세상의 변화에 빗대어지기도 한다. 가령 "아니면 혹시 당신께서 이 세상에 있던 그것들을 변화시킵니까? 세상 자체를 변화시키시듯이 말입니다"(49,3). "새롭게 될 세상"(57,2)이라는 표현도 다가올 세상이 지금과는 다르게 변화한 세상임을 암시한다.

악인들이 최종적으로 갈 곳, "고통"이라 표현되는(44,12) 그곳도 지상일 것이다. 정확한 위치는 드러나지 않지만 그곳 역시 육신을 지닌 채 지낼 수 있는 땅 위 어딘가일 법하다. 그곳은 "게헨나"(59,10) 또는 "불 속"(44,15)으로 표현되기도 한다.[57]

여섯째, 바룩 2서는 에녹 1서처럼 '삼층 우주관'을 전제로 한다. 산 인간은 이 땅에, 죽은 이는 지하에, 하느님과 천사들은 하늘에 있음이 전제되어 있다. 또한 마지막에 올 새 세상, 형상이 변화한 이들이 살아갈 새 세상도 지상임이 암시되어 있다. 바룩 2서에서 '하늘'은 다가올 시대에도 여전히 하느님과 천사들의 영역으로 남는다.

---

56 "그들에게 이 세상은 투쟁이요 수고로움 가득한 고난이지만 다가올 세상은 영광 가득한 화관이다"(15,8); "여러분이 살고 있는, 지나가는 이 세상에서 잠시 많은 수고를 견디어 내셨듯이 끝이 없는 저 세상에서 여러분은 큰 빛을 받게 될 것입니다"(48,50).

57 "다가올 세상이 그들에게 주어질 것이다. 그러나 나머지 많은 사람들의 처소는 불 속이 될 것이다"(44,15). 악인들의 최종 처소가 '불'의 이미지로 표현된 것은 48,43; 59,2; 85,13도 참조하라.

3. 에즈라 4서

'에즈라의 네 번째 책'(Fourth Book of Ezra) 또는 '에즈라 묵시록'(Apocalypse of Ezra)이라 불리는 에즈라 4서는, 100년경 팔레스티나 유다인에 의해 아람어나 히브리어로 저술된 것으로 추정된다.[58] 현재는 시리아어와 라틴어 등으로 전해진다. 사후 개념과 직접 관련된 대목은 7장이다. 개인의 사후 운명(개인의 종말론)과 인류의 집단적 운명(집단적 종말론)을 자연스럽게 연결하면서 죽음 뒤 개인의 영혼은 어떻게 되는지, 인류의 최종 운명은 어떠한지 등에 대한 깊은 성찰을 풀어내고 있다.

3.1. 개인적 종말론

에녹 1서나 바룩 2서와 비교했을 때, 에즈라 4서의 새로운 점은 개인적 종말론을 더 깊이 파고들었다는 사실이다. 죽음 직후부터 마지막 심판 전까지의 "중간 상태"를 구체적으로 묘사한다. 각 사람이 삶에서 어떤 길을 선택했느냐에 따라 죽음 뒤 처지가 달라진다고 한다. 해당 대목은 4에즈 7,75-99다. 다음은 죽은 뒤에 영혼이 어떻게 되는지 에즈라가 물었을 때 천사에게서 주어진 답변이다.

> 7,78 죽음에 대해서는, 설명은 이렇다. 지극히 높으신 분 앞에서 어떤 사람이 죽어야 한다는 판결문이 나오는 순간, 영혼이 육체에서 분리되어 그것을 주신 분께 되돌아간다. 그리고 맨 먼저 하느님의 영광을 찬양한다.

죽음 선고가 내려진 순간 영혼은 육체에서 분리되어 하느님께 돌아간다고

---

58 Metzger, "The Fourth Book of Ezra", 520-521.

한다. 그 영혼이 맨 먼저 하는 일은 하느님의 영광을 찬양하는 것이다. 이어지는 대목에서는 육체에서 빠져 나온 영혼에게 이레 동안의 자유가 주어지는데 그 이레 동안 영혼은 인류의 과거와 현재와 미래에 관한 모든 것을 본다고 한다. 그런 다음 영혼들은 사시네 처소로 향한다고 한다. 의인이냐 악인이냐에 따라 영혼이 가는 길이 달라진다는 것이다(7,100-101).[59]

먼저 악인의 영혼에게 정해진 길은 7,79-87에 제시된다. 죽은 악인의 몸에서 분리된 영혼은 "(영혼들의) 보고"로 들어가지 못하고 곧바로 "고통" 속에 들어간다고 한다.

> [7,79] 만약 그가 불의한 자들 가운데 하나라면, 혹은 지극히 높으신 분의 길을 지키지 않은 자들 가운데 하나라면, 혹은 하느님을 경외하는 이들을 미워한 자들 가운데 하나라면, [80] 그 영혼들은 보고로 들어가지 않는다. 대신 그 순간부터 고통 속에 지내게 된다. 그들은 일곱 길로 슬퍼하고 괴로워하게 된다.

그들이 받는 고통의 길 일곱 가지는 7,81-87에 제시된다. 그 고통은 자신들에게 닥칠 괴로움과 영혼들의 보고로 들어간 영혼의 기쁨을 보고 알면서 겪는 질투와 회한의 고통이다. 악인들은 그 고통을 죽음 직후부터 받게 된다고 한다. "그 영혼들은 보고들로 들어가지 않는다. 그 대신 그들은 지금부터 고통 속에 짓뭉개지고 탄식하며 일곱 길로 슬퍼한다"(7,99).

죽은 의인들의 영혼이 가는 길은 7,88-99에 제시되는데, 그 영혼은 '영혼

---

[59] [100] 나는 답하며 말하였다. "육체를 벗어난 영혼들에게, 당신께서 제게 말씀하신 것들을 볼 시간이나 장소가 주어집니까?" [101] 그분께서 답하시며 내게 말씀하셨다. "이레 동안의 자유가 있다. 그 이레 동안 그들은 앞에 언급된 것들을 보게 된다. 그 다음에는 자신들의 처소들에 집결할 것이다"(7,100-101).

들의 보고'에 받아들여져서 일곱 가지 길로 기쁨을 누린다고 한다.

> 7,91 먼저, 그들은 그들을 인도하신 지극히 높으신 분의 영광을 큰 기쁨 가운데 볼 것이다. 그리고 일곱 길로 안식을 누릴 것이다.

이어서 의인들이 누릴 일곱 가지 기쁨이 묘사된다. 그 기쁨은 자신들이 누리는 기쁨과 악인들이 받는 고통을 보고 아는 데서 오는 기쁨으로 묘사된다. 그러나 가장 큰 기쁨은 하느님을 보게 되리라는 것을 아는 기쁨이라고 한다(7,92-98).

결국 악인들의 영혼과 의인들의 영혼은 죽은 직후부터 마지막 때까지 각자 서로 다른 곳에서 서로 다른 길을 걷는다. 전자는 고통 속에 짓뭉개지고 탄식하며 슬퍼하고, 후자는 '보고'(寶庫)에서 천사들의 보호를 받으면서 안식을 누린다. 그들이 '고통'이나 '보고'에서 나오는 것은 마지막 때라야 가능하다. 마지막 시대는 4에즈 7,29-44에서 다뤄진다.

3.2. 집단적 종말론

에즈라 4서의 종말론적 전망은, 메시아 시대로 시작될 마지막 시대와 마지막 심판을 다룬 7,26-44에서 잘 드러난다. 에즈라에게 '새로운 시대'가 도래하리라는 약속이 주어지는 대목이다. 이에 따르면, 새 시대의 출발점은 메시아 시대다. 400년 동안의 메시아 시대가 끝나면 메시아를 비롯한 모든 사람이 죽고 온 세상은 태초의 침묵으로 돌아간다. 그리고 칠 일이 지난 뒤 '파멸'은 종말을 고하고 잠들어 있던 '새 세상'이 깨어난다. 그리고 죽은 모든 이들이 일어난다. 그 뒤 마지막 '심판'이 이어지는데 이때 심판관은 하느님이 맡으신다. 심판으로 모든 이들의 행업이 드러나고, '고통의 구덩이'와 '안식의 처소', '게헨나의 불구덩이'와 '환희의 낙원'이 모습을 드러낸다. 메시아 시대 → 태초의 침

묵 → 죽은 이들의 부활 → 마지막 심판 → 게헨나와 낙원의 출현 순이다.[60]

여기서 집중적으로 살펴볼 것은 '죽은 이들의 부활'이다. 죽은 이들의 부활은 새로운 세상의 시작과 함께 일어난다. 칠 일 동안의 태초의 침묵이 끝나면 새 세상이 깨어나고 '파멸'이 죽음을 맞이한다고 한다(7,31). 더 이상 죽음과 파멸이 없는 세상이 다가온다는 뜻이다. 이렇게 새 시대 새 세상이 시작되면 땅과 흙은 지금 잠들어 있는 이들을 내놓고 '영혼의 보고'는 그 안에 잠든 영혼을 내놓으리라고 한다. 이른바 '죽은 모든 이들의 부활'이다.

7,32 그리고 땅은 그 안에 누워 있는 자들을 내놓을 것이다. 흙은 그 안에 잠들어 있는 이들을 내놓을 것이다. 보고(寶庫)들은 그 안에 맡겨진 영혼들을 내놓을 것이다.

이에 따르면 의인이건 악인이건 상관없이 죽은 모든 이들이 부활한다.[61] 여기서 부활은 영혼이 되살아난 몸과 결합하는 것으로 이해된다. 흙이 내놓은 몸과 보고에서 나온 영혼들이 결합할 것이 암시된다.[62] 여기서 말하는 부활이 영혼과 육신의 부활, 또는 더 간단히 '육신의 부활'임을 알 수 있다.

에즈라 4서 저자는 죽은 이들의 부활에 이어 심판과 진정한 새 시대가 펼쳐진다고 한다. 부활한 이들이 맞이하는 현실은 7,33-36에 이어진다. 죽은 이

---

60 에즈라 4서의 집단적 종말론은 송혜경, "외경의 질문들 2-3" 참조.
61 에즈라 4서도 바룩 2서처럼 보편적 부활(universal resurrection) 희망을 드러낸다: J.J. Collins, "The Afterlife in Apocalyptic Literature", 130-131; Elledge, *Resurrection of the Dead in Early Judaism 200 BCE-CE 200*, 28-32; 39-43; 84-85 참조. 보편적 부활은 다니 12장이나 1에녹 1—36장에 담긴 일반적 부활(general resurrection)과는 다소 차이가 난다. 모든 이의 부활이냐 (아마도 많은) 일부의 부활이냐의 차이다.
62 Elledge, *Resurrection of the Dead in Early Judaism 200 BCE-CE 200*, 108.

들이 되살아나 맨 먼저 마주하는 현실은 '심판'이다. 되살아난 모든 이가 심판을 받게 된다. 하느님께서 재판석에 나타나시고 '끝'이 온다. 오직 하느님의 심판만 남는다. 의로운 행업들과 불경한 행업들이 드러난다. 심판의 결과는 둘로 나뉜다. 한편에는 '고통의 구덩이'와 '게헨나의 불구덩이'가, 다른 한편에는 '안식의 처소'와 '환희의 낙원'이 있다.

> 7,33 그리고 지극히 높으신 분께서 재판석에 나타나실 것이다. 그리고 끝이 올 것이다. 그리고 자비는 사라지고 연민은 멀어지며 인내는 거두어질 것이다. 34 오직 나의 심판만 남을 것이다. 진리가 일어서고 믿음이 기뻐 뛸 것이다. 35 그리고 행업이 오고 상급이 알려질 것이다. 의로운 행업들은 깨어나고 불경한 행업들은 잠들지 않을 것이다. 36 그리고 고통의 구덩이가 나타날 것이다. 그 반대편에 안식의 처소가 있다. 게헨나의 불구덩이가 나타날 것이다. 그 반대편에 환희의 낙원이 있다.

이에 따르면, 마지막 심판을 기점으로 본격적인 새 세상이 시작된다. 새 세상은 안식의 처소, 환희의 낙원으로 표현된다. 악인들에게는 게헨나의 불구덩이가 마련되어 있다고 한다.[63] 결국 부활은 의인에게는 선물이 되지만 악인에게는 더 큰 재앙의 시작이 될 따름이다.

에즈라 4서가 형상 변화를 따로 다루지는 않지만 부활 이후에 변화가 있을 것임은 악인이 당할 고통의 길과 의인이 받을 기쁨의 길을 설명하는 대목에서 언급된다. 악인은 더 쇠락하고,[64] 의인은 태양과 별처럼 빛나고 죽지 않

---

63 4에즈 7,36에서 악인들의 종착지는 "고통의 구덩이", "게헨나의 불구덩이"라 불린다.
64 (고통의) "일곱째 길은, … 그들이 수치 속에서 쇠락하고, 혼란 속에서 파괴되며 지극히 높으신 분의 영광을 보고 두려움 속에서 시들어 가는 것이다"(7,87).

는 존재가 될 것을 암시한다.[65] 이러한 변화는 최후의 심판 이후에 펼쳐질 것으로 추정된다. 변화한 육신을 가지고 악인은 게헨나로 의인은 낙원으로 간다는 것이다. 환희의 낙원과 안식의 처소가 '다가올 새 세상'임은 7,113-114에서 분명히 드러난다.

> 7,113 심판의 날은 이 세상의 끝이며, 다가올 불멸하는 세상의 시작이다. 그곳에서는 파멸은 사라졌으며, 114 방탕은 제거되었고, 불충은 없어졌으며, 의로움이 자라나고 진실이 떠오른다.

심판의 날은 이 세상의 끝이자 다가올 불멸하는 세상의 시작이라고 한다(7,113). 심판의 날을 기점으로 이 세상과 다가올 세상이 교체된다는 것이다. 새 세상 새 시대는 "죽지 않는 존재"가 살아갈 "불멸하는 세상", 파멸과 방탕과 불충이 사라진, 의로움과 진실의 시대가 될 것이다.

* * *

에즈라 4서의 새로움과 특이점은 다음과 같다.

첫째, 에즈라 4서의 종말론적 전망과 사후 개념은 바룩 2서의 것과 대동소이하다. 개인적 종말론과 집단적 종말론이 마지막 시대를 기점으로 이어지는 것도 비슷하고 현시대에서 마지막 시대에 이르는 과정도 비슷하다. 단, 바룩 2서와 비교했을 때 에즈라 4서가 더 정교한 체계를 갖추고 있으며 세부 사항에서 약간의 차이가 난다.

---

65 다섯째 (기쁨의 길, 자신들이) "[96] 죽지 않는 존재임을 보는 것이다. [97] 여섯째 길은, 그들의 얼굴이 태양처럼 빛나리라는 것, 그들이 별빛을 닮게 되고 더는 멸하지 않으리라는 것이 보일 때다"(7,96-97).

둘째, 중간 상태에 대한 묘사가 바룩 2서와 다르다. 여기서도 의인의 영혼은 보고에, 나머지는 셔올에 가는 것으로 그려진다. 셔올이 지하라는 것과 의인과 악인이 따로 지내는 점도 바룩 2서와 같다. 차이는 "중간 상태"에 있는 영혼들의 처지다. 에즈라 4서에서 중간 상태는 에녹 1서와 비슷하게, 그리고 바룩 2서와 다르게, 상이나 벌을 받고 있는 것으로 그려진다. 바룩 2서에서는 의인들은 악인들과 분리되어 "영혼의 보고"에서 지내지만 악인의 영혼이 벌을 받는 것으로 묘사되지는 않는다. 영혼들이 잠이나 휴식, 의식 없는 상태에 있으며 특별한 상벌을 받고 있지는 않다는 것이다. 반면 에즈라 4서는 의인의 영혼은 "보고"에서 일곱 기쁨의 길을, 악인의 영혼은 셔올에서 "고통"의 일곱 길을 걷는다고 한다. 이때 영혼이 겪는 기쁨과 고통이 '알고' '보는' 정신적·영적인 기쁨과 고통으로 묘사된다. "중간 상태"에 있는 동안 영혼들은 생각과 감정이 있으며 기쁨의 상이나 고통의 벌을 받는다는 것이다.

셋째, 다가올 새 세상은 죽은 이들의 부활과 최후의 심판으로 시작된다. 메시아의 통치가 끝나고 나면 태초의 침묵으로 돌아간 뒤 죽은 모든 이들이 부활하여 심판을 받게 된다고 한다. 그리고 환희의 낙원과 게헨나가 출현하여 의인에게는 낙원이, 악인에게는 게헨나가 주어진다고 한다.

넷째, 에즈라 4서 및 바룩 2서의 심판, 게헨나와 낙원의 선포에 담긴 의미는 하느님의 정의는 반드시 실현되고야 만다는 것이다.[66] 우리가 행한 그 어떤 일도 (좋은 일이든 나쁜 일이든) 결코 사라지지 않는다. 그리고 하느님의 정의는 이 세상, 이 시대, '지금 여기'라는 시공간의 한계에 갇히지 않는다. 에즈라 4서

---

[66] 4에즈 7,104-105. 에즈라 4서의 '악에 대한 개인의 책임' 문제는 Thompson, *Responsibility for Evil in the Theodicy of IV Ezra: A Study Illustrating the Significance of Form and Structure for the Meaning of the Book*, 296-322; Berthelot, "Is God Unfair? The Fourth Book of Ezra as a Response to the Crisis of 70 C.E.", 73-89 참조.

구약 외경에 나타난 '죽음 이후'

는 새 시대와 새 세상의 도래를 약속함으로써 하느님의 정의는 반드시 실현되고야 만다는 사실과 함께 인간의 선택과 책임의 무게를 일깨운다.

다섯째, 에즈라 4서에서 죽은 이들의 부활은 에녹 1서나 바룩 2서에서처럼 육신의 부활이다. 또한 최후의 심판 뒤에 형상 변화가 있을 것이 암시된다. 악인은 쇠락과 파괴로, 의인은 죽지 않는 존재로 변모하리라는 것이다.

여섯째, 에즈라 4서도 에녹 1서나 바룩 2서처럼 기본적으로 '삼층 우주관'을 따른다. 하늘은 하느님과 천사들의 처소, 땅은 산 사람들의 처소, 땅속 셔올은 죽은 자들의 처소다. 마지막 시대에 펼쳐질 다가올 세상, 낙원과 게헨나는 이 땅 위에서 펼쳐지는 것이 암시된다. 다가올 세상은 우리에게 다가오는 것, 의인들의 눈에 드러나는 것으로 묘사된다. 새 세상 새 시대가 이 땅 위에서 펼쳐진다는 것이다. 다가올 새 세상은 그 어떤 시대와도 비교할 수 없이 완전한 세상이지만 어디까지나 '지상'의 세상이지 '하늘나라'가 아니다. 하늘은 여전히 하느님과 천사들의 영역이라는 것이다.

—

기원후 100년경, 비슷한 시기에 만들어진 바룩 2서와 에즈라 4서는 여러 측면에서 비슷한 사후 개념을 드러낸다는 사실을 확인하였다. 개인적 종말론과 집단적 종말론의 조화가 부각되는 두 작품을 통해 기원후 1세기에는 유다교 사후 개념이 제법 체계적인 형태를 갖추었음을 알 수 있다. 기원후 1세기가 유다인들의 사후 희망이 구체화되고 체계화된 시기였던 듯하다. 이제 두 작품보다 약간 늦게 저술된 바룩 3서를 살펴보려 한다. 이를 통해 유다인들의 사후 개념에 또 어떤 변화가 찾아왔는지 확인할 수 있을 것이다.

4. 바룩 3서

바룩 3서는 그리스-로마 시대에 '바룩'의 이름으로 저술된 차명 묵시록으로, 바룩이 천사의 인도로 다섯 하늘을 여행하는 내용을 담고 있다. 저술 시기는 1세기에서 3세기 사이로 넉넉히 잡을 수 있다. 게일로드는, 1-2세기 유다인 저자에 의해 바룩 3서의 최초 형태가 만들어지고 3세기경 그리스도인에 의해 최종 편집되었으리라 추정한다.[67]

바룩 3서의 초점은 무엇보다 '현재'에 맞춰져 있다.[68] 바룩 3서의 현재 중심적 관점은 에즈라 4서나 바룩 2서와 비교할 때 더욱 두드러진다. 바룩 3서에는, 마지막 시대와 다가올 세상에 대한 관심이 거의 보이지 않는다. 미카엘 대천사가 문을 열 때까지는 아무도 하늘나라에 들어가지 못한다는 11,2을 제외하면 마지막 때를 논하는 곳이 없다.[69] 이런 맥락에서 바룩 3서가 집중하는

---

[67] Gaylord, "3 (Greek Apocalypse of) Baruch", 655-656 참조.
[68] Jones, *Jewish Reactions to the Destruction of Jerusalem in A.D. 70: Apocalypses and Related Pseudepigrapha*, 129.
[69] 미카엘 대천사가 다섯째 하늘 문을 여는 시기가 반드시 '마지막 때'라고 말할 수도 없다.

종말론은 개인의 종말론, 개인의 죽은 뒤 상태다.

4.1. 개인적 종말론

바룩 3서의 개인의 종말론은 바룩의 천계 여행 대목에서 드러난다. 바룩이 천사의 인도로 둘러본 하늘은 다섯 하늘로 구성되어 있다.[70] 다섯 하늘은, 셋째 하늘 최상단에 위치한 '천체들의 공간'(6—9장)을 기준으로 그 기능이 나뉜다. 첫째부터 셋째 하늘 하단까지 하부 하늘은 처벌 장소에 해당한다. 첫째 하늘과 둘째 하늘에서는 각각 하느님과의 전쟁에 이용할 탑을 쌓은 자들과 그들을 부추긴 자들이 벌을 받고 있다고 한다. 셋째 하늘에는 용과 하데스가 있다고 한다. 악인들의 영혼이 용의 뱃속(=하데스)에서 벌을 받고 있다는 것이다. 상부 하늘은 의인들의 영혼이 머무는 곳(넷째 하늘)과 미카엘 대천사가 하느님께 예배를 드리는 곳(다섯째 하늘)으로 나뉜다. 다섯째 하늘은 "하늘 나라"라고 불리기도 한다(11,2).

셋째 하늘과 넷째 하늘의 묘사에서 알 수 있듯이 바룩 3서는 사람이 죽으면 각자의 삶에 따라 각각 셋째 하늘이나 넷째 하늘로 나뉘어 간다고 말하면서 '사후'(Afterlife) 정의 실현을 이야기한다. 먼저, 악인들의 처소는 셋째 하늘에 있다고 한다.

> 4,3 그리고 천사는 나에게 하데스를 보여주었다. 그의 모습은 음침하고 속되어 보였다. 4 나는 말하였다. "이 용은 무엇입니까? 그리고 그것을 감싸고 있는 거친 놈

---

[70] 바룩 3서가 본디 바룩이 일곱 하늘을 여행하는 내용이었으나 축약하여 현재 모습이 되었으리라 추측하는 이들도 있다: Wright, "Baruch, Books of", 150; Kulik, *3 Baruch: Greek-Slavonic Apocalypse of Baruch*, 314-315 참조. 에녹 2서는 열 하늘, 레위의 유언은 일곱 하늘을 제시한다. 유다교 및 그리스도교 전승에는 '세 하늘' 전승도 있다(2코린 12,2; 바오로 묵시록).

은 무엇입니까?" ⁵천사가 나에게 말하였다. "용은 자기 생을 악하게 보낸 자들의 몸을 먹는 자다. 용은 그것들에서 양식을 얻는다. ⁶ 그리고 후자는 하데스다. 그 자도 용과 매우 비슷하다. 그것이 바닷물을 한 페키스나 마셔도 바닷물이 조금도 줄어들지 않는다는 점이 그렇다."

3바룩 5,3에서는 하데스(=서울)가 용의 뱃속으로 표현된다. 생을 악하게 보낸 자들의 몸이 용의 뱃속 하데스에 들어가 있다는 것이다. 용의 뱃속(=하데스)에 악한 사람들의 몸이 모여 있으며, 용이 그 사람들의 몸을 먹고 산다는 의미다.

의인들은 악인들과 다른 운명을 걷는다. 그들은 넷째 하늘에 있는 평원에 모여서 노래하고 춤추며 지내고 있다고 한다. 다음은 바룩이 넷째 하늘에서 목격한 장면이다(참조: 하바 2,5).

¹⁰,² 나는 넓은 평원을 보았다. 평원 한가운데 물의 호수가 있었다. ³ 그리고 평원에는 온갖 종류의 새들이 무리지어 있었다. 그것들은 이 세상 것과는 달랐다. 그리고 황소만큼 큰 학도 보았다. 모든 것이 세상의 것들보다 훨씬 컸다. ⁴ 나는 천사에게 물었다. "평원은 무엇입니까? 호수는 무엇입니까? 그 주변의 새들 무리는 무엇입니까?" ⁵ 천사가 말하였다. "들어라, 바룩아! 호수를 품은, 놀라운 것들을 간직한 평원은 의인들의 영혼이 오는 곳이다. 그들은 한데 모여 춤추고 노래하면서 함께 지낸다."

이렇게 바룩 3서는 죽은 자들의 영혼이 지하가 아니라 하늘에 있다고 한다. 이는 무엇보다 그리스 우주론의 영향 때문으로 여겨진다. 구약성경에서 하늘은 사람이, 살아서도 죽어서도, 결코 갈 수 없는 신(들)의 영역이었다.⁷¹ 천상계는 하느님, 지상계는 산 인간, 지하계는 죽은 인간의 처소로서 경계가 확실히 구분되었다. 구약성경에서 에녹과 엘리야를 빼면 사람은 그 누구도 하늘로 올라가지 못했다. 기본적으로 인간은 살아서든 죽어서든 천계에 올라갈 수 없다는 것이다. 그런데 바룩 3서에서는 죽은 자들의 영혼이 모두 하늘에 있다고 한다.[72] 천상계가 죽은 모든 사람에게 개방되었다는 의미다. 특히 악인들의 영혼이 있는 하데스가 셋째 하늘에 있다는 것은 바룩 3서가 더 이상 구약성경의 천상계와 지하계 구분을 따르지 않음을 드러낸다. 이는 영혼불멸을 믿는, 그리고 철학으로 정화된 영혼은 하늘로 올라간다고 믿는 그리스 철학의 영향일 법하다.[73]

폴(Paul)은, 저승이 '지하계'에 있다는 믿음에서 '천상계'에 있다는 생각으로 변화하는 시작점을 플라톤의 『티마이오스』 42에서 찾는다. "주어진 시간을 선용한 혼은 자기가 함께하던 별의 거처로 돌아가 성미에 맞는 행복한 삶을 살게 된다"고 하는 대목이다.[74] 이어서 플라톤의 제자 세대에서는 하데스가 지하가 아니라 하늘에 있다는 견해들이 나타나기 시작한다. 모든 망자의 영혼이

---

71 구약성경의 우주관은, Ryken/Whilhoit/Longman (eds.), "Cosmology", 169-174; 송혜경, "외경의 질문들 6" 참조.
72 영혼이 하늘로 간다는 생각은 당대 다른 유다교 작품에서도 발견된다. 기원후 1세기 작품인 에녹 2서에 따르면, 하늘은 총 10개의 하늘로 구성되어 있는데 셋째 하늘에 의인을 위한 낙원과 악인을 위한 처벌 장소가 있다고 한다(8-10장). 인간이 죽으면 모두 셋째 하늘에 가서 상을 받든 벌을 받든 한다는 것이다. 1-2세기 작품인 아브라함의 유언에는 (의인의) 영혼이 하늘에 간다는 생각이 담겨 있다. 아브라함의 영혼은 하늘에, 몸은 저승(지하)에 간다고 하는 대목에서다. 아브라함의 유언 14,7-8에 따르면, 아브라함의 영혼은 미카엘 천사가 하늘로 데려가고 그 몸은 이사악이 땅에 묻었다고 한다. 적어도 의인의 '영혼'은 하늘에 받아들여질 가능성이 있다는 것이다.
73 바빌론 신화에서 하늘이 세 겹 또는 일곱 겹으로 묘사되는 경우에도 저승은 지하계에 있는 것으로 그려진다.
74 Paul, "The Structure of Heaven and Earth: How Ancient Cosmology Shaped Everyone's Theology." 티마이오스 인용문은 천병희의 번역이다: 플라톤, 『티마이오스』, 천병희 옮김.

하늘로 간다는 것이다.[75] 이러한 "천상의 하데스"(Celestial Hades) 개념의 시작을 학자들은 기원전 4세기 헤라클리데스 폰티쿠스에게서 찾는다.[76] 하데스를 셋째 하늘로 묘사하는 바룩 3서도 그리스인들에게서 시작된 "천상의 하데스" 개념을 드러내고 있다. 바룩 3서에서 구약성경의 우주론과 그리스 우주론이 만나 새롭게 변신하고 있는 과정을 확인하게 되는 셈이다.

* * *

바룩 3서의 새로움은 다음과 같다.

첫째, 바룩 3서는 먼 미래에 도래할 마지막 시대보다는 지금 현재 이 세상에서 우리가 행하고 있는 일과, 지금 현재 천상계에서 일어나는 일, 그리고 그것이 '현재 우리의 삶'에 미치는 영향에 더 관심을 기울인다. 결과적으로 이 세상이 앞으로 어떻게 될 것인가에 대한 관심은 거의 드러내지 않는다. 메시아에 대한 기대도, 새로운 시대의 도래에 대한 기대도 거의 드러나지 않는다.[77]

둘째, 바룩 3서는 악인들의 처소와 의인들의 처소를 언급하면서 하느님의 정의가 사후에 어떻게 실현되는지 보여준다. 악인들의 몸은 셋째 하늘에 있는 용에게 먹히고 있으며, 의인들의 영혼은 넷째 하늘에서 춤추고 노래하고 있다고 한다.

---

75 Culianu, "The Celestial Eschatology and Its Transformations", 1-2.
76 Gottschalk, *Heraclides of Pontus*, 99-102. 헤라클리데스 폰티쿠스가 전했다고 하는 엠페도티무스의 천계 여행 이야기에 망자의 영혼이 하늘로 올라가는 내용이 나온다. 이에 따르면, 엠페도티무스의 영혼이 육신을 떠나 위로 올라가 하늘들을 여행하고 왔다고 한다. 이 여행에서 그는 사람이 죽은 뒤 영혼들에게 일어나는 일을 보았다고 한다. 망자의 영혼은 하늘에 올라가 머물다가 다른 몸을 찾아 다시 지구로 내려온다고 한다: Mheallaigh, *The Moon in the Greek and Roman Imagination*, 107.
77 Jones, *Jewish Reactions to the Destruction of Jerusalem in A.D. 70: Apocalypses and Related Pseudepigrapha*, 138-140 참조.

이 세상 삶	중간 상태?	하늘 나라 / 하데스
지상	하늘 (셋째 하늘 하데스/넷째 하늘)	하늘 (하데스/다섯째 하늘: 하늘 나라)
영육	영혼	영혼
	상/벌	상/벌

개인의 죽음 → (중간 상태)
마지막 때(?) 하늘 문 개방 → (하늘 나라/하데스)

셋째, 바룩 3서에서는 하데스가 하늘의 일부로 그려진다. 의인들의 영혼이 상을 받는 장소도 악인들의 영혼이 벌을 받는 장소도 모두 하늘이라고 한다. 그리스-로마 철학적 우주관을 접한 저자가 죽은 영혼들이 모이는 장소를 하늘 어딘가로 그리게 된 것이다. 이는 그리스-로마 시대 유다인들이 새로운 우주관을 접하면서 죽은 이들의 처소에 대한 생각도 달라졌음을 보여 준다.

넷째, 바룩 3서가 죽은 이들의 처소를 하늘로 제시하지만 진정한 '하늘 나라'는 하느님이 계신 다섯째 하늘에만 해당한다. 미카엘 대천사가 그곳에서 하느님께 예배를 드리고 있다는 다섯째 하늘은 실제로 '하늘 나라'라고 불리기도 한다(11,2). 넷째 하늘이 의인들의 영혼이 머무는 "중간 상태"라면 다섯째 하늘은 진정한 의미의 '하늘 나라'라고 말할 수 있다. 다섯째 하늘의 열쇠를 쥔 미카엘 대천사가 그 하늘의 문을 열어야(11,2), 영혼이 다섯째 하늘에 들어갈 수 있는 듯하다. 아마 그때가 마지막 때일 법하다. 마지막 때 넷째 하늘에 있던 의인들의 영혼이 다섯째 하늘로 들어갈 수 있으리라는 것이다.

다섯째, 바룩 3서는 앞의 세 작품과 비교할 때 '죽은 이들의 처소'에 대한 시각이 완전히 달라졌음을 확인할 수 있다. 바룩 3서에서는 죽은 자들의 처소도, 마지막에 들어갈 "하늘 나라"도 결국 하늘에 있다는 입장이다. 여기서 하늘 나라는 영혼이 들어가는 곳이지, 이 땅으로 내려오는 곳은 아니다. 사실 '죽은 이들의 처소' 문제는 우주론 및 종말론과 깊이 연결되어 있다. 어떤 우주관을 표방하느냐에 따라, 곧 구약성경의 '하늘-땅-지하의 삼층 우주관'이냐, 공처럼 둥근 지구를 공처럼 둥근 우주(하늘)가 둘러싸고 있다는 그리스의 '지구중심우주관'을 따르느냐에 따라 죽은 이들의 처소 위치가 달라질 수 있다. 바룩 3서는 '삼층 우주관'의 틀을 벗어나 하늘이 인간에게도 개방되기 시작했음을 보여준다. 죽은 이들의 영혼이 가는 곳이 모두 하늘에 있다는 것이다. 죽은 사람의 영혼이 하늘로 올라간다는 생각이 유다인들 사이에서도 가능하게 된 것을 바룩 3서를 통해 확인할 수 있다.

III. 결론

구약 외경 네 본문의 비교분석을 통해 그리스-로마 시대 유다교 사후 희망에 대한 큰 그림을 그려보았다. 이를 통해 당대 유다인들이 사후 희망을 체계화해 나가는 과정을 그려볼 수 있었다. 그리고 종말론, 우주론, 인간론, 신정론 등 다양한 신학적 요소들이 합해져 유다인들 특유의 사후 신학으로 발전했음을 확인할 수 있었다. 고찰 결과는 이렇게 종합할 수 있다.

첫째, 그리스-로마 시대 유다인들의 사후 개념은 다양한 형태로 전개되었다. 사후와 관련된 어떤 주제에 대해서도 구약 외경의 개념은 이것이다, 하고 일괄해서 말할 수 없고 각 작품이 표방하는 개념이 다른 작품과 정확히 일치하는 경우가 거의 없었다. 부활에 대한 인식도 죽은 자들의 처소에 대한 인식도 마지막 시대에 대한 인식도 작품마다 조금씩 달랐다. 이러한 다양성과 복합성은, 구약 외경이 만들어진 시기가 유다인들의 사후 개념, 부활 신앙, 사

'중간 상태'와 '다가올 세상'의 위치 및 상벌 유무

위치 상벌 유무	중간 상태	다가올 세상
1에녹 1—36	산속 구렁 상/벌	지상(낙원과 게헨나) 상/벌
2바룩	지하(셰올/보고) 잠 또는 안식	지상(낙원과 게헨나) 상/벌
4에즈라	지하(셰올/보고) 상/벌	지상(낙원과 게헨나) 상/벌
3바룩	하늘(셋째/넷째 하늘) 상/벌	하늘(셋째/다섯째 하늘) 상/벌

후에 대한 믿음이 확립된 시기가 아니라 형성·발전해 나가던 시대였음을 반영한다.

둘째, 그리스-로마 시대 유다인들 사이에서 사후 개념에 관심이 증가한 것은 하느님의 정의, 곧 신정론 문제와 깊이 관련되어 있다. 그런 의미에서 기원전 2세기 안티오코스 에피파네스 치하 때 있었던 종교 박해와 순교가 부활 신앙이 대두한 주요인으로 지목되기도 한다. 하느님과 신앙을 위해 의로운 죽음을 맞은 이들에 대한 정의 실현 문제가 부활신앙(또는 영혼불멸)을 키웠다는 것이다. 유다교 문학에서 부활이 명시되기 시작한 것이 기원전 3세기이므로 순교가 부활신앙의 직접적 동기는 아닐 것이다. 헬레니즘이라는 거대 문명의 침입에 대한 충격과 공포(J.J. Collins),[78] 유다 지역이 프톨레마이오스 제국에서 셀레우코스 제국의 세력권으로 유입되는 과정에서 야기된 정치·사회적 불안과 소요, 예루살렘 종교 지도부에 대한 불신, 이 모든 과정에 수반된 사회경제적

---

78 J.J. Collins, "The Afterlife in Apocalyptic Literature", 127.

불의와 불평등에 대한 불만들이 사후 상벌에 대한 믿음, 나아가 부활에 대한 믿음으로 이어졌다는 의견이 설득력 있다.[79] 이 모든 혼란과 절망의 상황에서 유다인들은 하느님의 정의 문제를 해결할 새로운 방법을 사후 운명이나 마지막 심판 개념에서 찾았다는 것이다.

여기서 살펴본 네 작품에서도 각 저자가 사후 운명이나 마지막 심판 개념을 통해 말하려 한 것은, 이 세상을 넘어선 저 세상 또는 다가올 세상에서 실현될 하느님의 '정의'였음을 짐작할 수 있다. 하느님의 정의는 죽은 뒤 각 개인의 운명을 통해 그리고 마지막 심판을 통해 반드시 실현된다는 것이다.

셋째, 죽음 이후에는 모든 이가 차별 없이 공평하다는 구약성경의 생각이 의인과 악인의 운명이 서로 다르다는 생각으로 전환된 것을 네 작품을 통해 확인할 수 있었다. 적어도 기원전 3세기부터, 구약성경의 '민주적'(?) 사후 운명 개념, 곧 의인이든 악인이든, 높은 사람이든 낮은 사람이든, 부자든 빈자든, 죽은 모든 이가 차별 없이 셔올에 간다는 개념이 깨지기 시작한 것을 네 작품을 통해 확인할 수 있다.

넷째, 사후 개념이 '개인'의 선택 및 책임에 대한 자각과 연결되어 있음을 확인할 수 있었다. 유다인들의 사후에 대한 관심은 '개인'에 대한 자각과 함께 커진 것 같다. 개인의 잘못은 개인에게만 그 책임이 돌려진다는 자각이다. 한 사람의 잘못에도 공동체 전체가 연대 책임을 진다는 생각이나, 조상의 잘못에 대해 후손이 책임을 진다는 생각에서 개인의 잘못은 그 개인의 책임이라는 생각으로 발전한 것은 이미 예레미야서나 에제키엘서 등 구약성경에서 확인된다.[80] 각자의 삶은 각자의 책임이라는 생각이 부상한 것이다. 이런 '개인'

---

79 Elledge, "Resurrection and the Book of Watchers", 145-146 참조.
80 "그날에 그들은 더 이상 이렇게 말하지 않을 것이다. '아버지가 신 포도를 먹었는데 자식들의 이가 시다.' 오히려 인간은 저마다 자기가 지은 죄로 말미암아 죽고, 신 포도를 먹은 사람

에 대한 자각이 종말론과 만나면서 개개인의 사후 운명에 대한 관심으로까지 이어진 듯하다. 삶에서처럼 죽음 이후에도 자신의 공과에 대한 책임은 오직 자신에게 있다는 생각이 표명되기에 이른 것이다. 이러한 생각의 변화, 사고의 전환이 앞에서 살펴본 네 작품에 고스란히 반영되어 있다. 이제 의인의 영혼은 좋은 곳에서 상을 받고, 악인의 영혼은 불구덩이 같은 곳에서 벌을 받는다는 식으로 묘사된다.

다섯째, 네 작품을 통해 구약성경에서는 거의 발견되지 않는 부활이나 내세 개념이 유배 이후 특히 헬레니즘 시대 이후에 본격적으로 발전하기 시작하여 예수님 시대를 전후한 유다인들에게는 부활 희망이 낯설지 않을 정도가 된 것을 확인할 수 있었다. 이는 신약성경에서도 폭넓게 확인된다. 바야흐로 부활의 시대가 열린 것이다.

여섯째, 부활 개념과 함께 '중간 상태'와 '새 시대'에 대한 믿음도 다양한 방식으로 발전한 것을 확인할 수 있었다. 특히 '새 시대' 또는 '다가올 세상'이 이 땅 위에서 펼쳐질 세상임을 암시하는 에녹 1서, 바룩 2서, 에즈라 4서는 '하느님 나라'가 이미 우리 가운데 와 있다고 하는 신약성경 복음서 말씀을 상기시킨다. 묵시 21,1-4도 다가올 시대는 지상에서 이루어질 것을 암시한다. 요한이 환시로 '새 하늘과 새 땅'을 보는 장면에서, 첫 번째 하늘과 땅은 사라지고 없으며 하늘에서 새 예루살렘이 내려오는 것으로 묘사된다. 그리고 요한은 하느님의 거처는 "사람들 가운데에" 있다는 음성을 듣는데(묵시 21,1-4), 이는 에녹 1서, 바룩 2서, 에즈라 4서에서처럼 다가올 시대가 지상에서 펼쳐질 것을 암시한다. 한편 에녹 1서, 바룩 2서, 에즈라 4서에서 명백히 드러나는 '중간 상태' 개념은 신약성경 여러 본문에도 반영되어 있다. 우선 주님께서 라자로를 다시

은 모두 제 이만 실 것이다"(예레 31,29-30). 에제 18장; 33,12-20; 신명 24,16에도 개인의 책임은 당사자 본인에게 묻는다는 관념이 나타난다.

살리신 일화(요한 11장)에는 '중간 상태' 개념이 전제되어 있다. 특히 "마지막 날 부활 때에 오빠도 다시 살아나리라는 것을 알고 있다"는 마르타의 말에는 마지막 때 있을 죽은 모든 이의 부활에 대한 믿음과 함께 종말 이전까지 죽은 이들이 '중간 상태'에 있음이 암시되어 있다. 마지막 때의 부활을 논하는 1코린 15장도 마찬가지다. 죽은 라자로와 부자가 가 있다고 하는 '아브라함의 품'과 '저승'(루카 16,19-31), 그리고 착한 도둑이 죽음과 동시에 주님과 함께 들어가리라고 하는 '낙원'(루카 23,42-43)도[81] '중간 상태'에 관한 언급으로 이해할 수 있다. '하느님 나라'와 '바깥 어둠'을 대비시키는 마태 10,11-12은 마지막 시대 이후의 새 시대와 관련된 내용이다. 구약 외경에서 발견되는 '중간 상태'와 마지막 시대/새 시대에 대한 믿음이 신약성경에서도 확인되는 것이다. 다른 한편, '중간 상태'도 '다가올 시대'도 모두 하늘에서 이루어진다고 하는 바룩 3서는 '하느님 나라'를 이야기하는 복음서의 기조와 일맥상통한다. 신약성경에서 엿보이는 '하느님 나라'의 (시간적으로 현재와 미래를 아우르는 동시에 공간적으로 천상과 지상을 아우르는) 이중적 의미와 긴장이 구약 외경에서도 나타나는 셈이다. 이 모든 것은 '죽은 뒤의 삶'과 관련하여 구약성경과 신약성경 사이에 나타나는 간극을 구약 외경이 이어주고 있음을 보여 준다.

---

[81] "⁴² 그리고 나서 (착한 도둑은) '예수님, 선생님의 나라에 들어가실 때 저를 기억해 주십시오.' 하였다. ⁴³ 그러자 예수님께서 그에게 이르셨다. "내가 진실로 너에게 말한다. 너는 오늘 나와 함께 낙원에 있을 것이다.""

IV. 참고 문헌

성경

BIBLIA HEBRAICA STUTTGARTENSIA, W. Rudolph et H.P. Rüger (ed.) (Stuttgart 1984).

Septuagint Göttingensis Vol. III, 2, Deuteronomium, J. William Wevers (ed.) (Göttingen·Vandenhoeck & Ruprecht 1977).

외경

레위의 유언, H.C. Kee, "Testament of the Twelve Patriarchs", J.H. Charlesworth (ed.), *The Old Testament Pseudepigrapha vol.1* (New York 1983), 788-795.

마카베오기 4권, H. Anderson, "4 Maccabees", J.H. Charlesworth (ed.), *The Old Testament Pseudepigrapha vol.2* (New York 1985), 531-564.

바룩 2서, 송혜경, 『구약 외경 2』 (한님성서연구소 2023), 162-334.

바룩 3서, 송혜경, 『구약 외경 2』 (한님성서연구소 2023), 335-424.

바오로 묵시록, 송혜경, 『신약 외경 3』 (한님성서연구소 근간).

아브라함의 유언, E.P. Sanders, "Testament of Abraham", J.H. Charlesworth (ed.), *The Old Testament Pseudepigrapha vol.1* (New York 1983), 871-902.

에녹 1서, 송혜경, 『구약 외경 1』 (한님성서연구소 2022[개정판]), 67-160.

에녹 2서, F.I. Andersen, "(Slavonic Apocalypse of) Enoch", J.H. Charlesworth (ed.), *The Old Testament Pseudepigrapha vol.1* (New York 1983), 91-222.

에즈라 4서, 송혜경, 『구약 외경 2』 (한님성서연구소 2023), 12-159.

고전 문헌

플라톤, 『티마이오스』, 천병희 옮김 (플라톤 전집 V; 도서출판 숲 2019), 301-437.

필론, 『세부 규정』 *De Specialibus Legibus*, F.H. Colson (ed.) (Philo 8; Cambridge 1989).

일반 문헌

Avery-Peck, A., Neusner, J. (eds.), *Judaism in Late Antiquity: Death, Life-After-Death, Resurrection and the World-To-Come in the Judaisms of Antiquity* (Leiden 1999).

Berthelot, K., "Is God Unfair? The Fourth Book of Ezra as a Response to the Crisis of 70 C.E.", A. Lange, D. Römheld, M. Weigold (eds.), *Judaism in Crisis: Crisis as a Catalyst in Jewish Cultural History* (Göttingen 2011), 73-89.

Bogaert, P.-M., *L'Apocalypse de Baruch, introduction, traduction du Syriaque et commentataire vols.1-2* (SC 144-145; Paris 1969).

Charlesworth, J.H., "4 Ezra and 2 Baruch: Archaeology and Elusive Answers to Our Perennial Questions", G. Boccaccini, J.M. Zurawski (eds.), *Interpreting 4 Ezra and 2 Baruch* (London 2014), 156-162.

Charlesworth, J.H. (ed.), *The Old Testament Pseudepigrapha 2 vols.* (New York 1983-1985).

Cielontko, D., "Resurrection in Early Judaism within the Context of Existing Beliefs about the Afterlife", P. Bargár (ed.), *Bible, Christianity, and Culture. Essays in Honor of Professor Petr Pokorný* (Prague 2023), 31-64.

Collins, J.J., "The Afterlife in Apocalyptic Literature", A. Avery-Peck, J. Neusner (eds.), *Judaism in Late Antiquity Part IV* (Leiden 2000), 119-139.

Culianu, I.P., "The Celestial Eschatology and Its Transformations", *Psychanodia: A Survey of the Evidence Concerning the Ascension of the Soul and its Relevance* (Études préliminaires aux religions orientales dans l'Empire romain Vol. 99; Leiden 1983), 40-42.

Elledge, C.D., *Resurrection of the Dead in Early Judaism 200 BCE-CE 200* (Oxford 2017).

_____, "Resurrection and the Book of Watchers", C.D. Elledge (ed.), *Resurrection of the Dead in Early Judaism, 200 BCE-CE 200* (Oxford 2017), 130-149.

_____, "Resurrection and Immortality", C.D. Elledge (ed.), *Resurrection of the Dead in Early Judaism, 200 BCE-CE 200* (Oxford 2017), 107-129.

_____, "Resurrection of the Dead: Exploring Our Earliest Evidence Today", J.H. Charlesworth, C.D. Elledge et al. (eds.), *Resurrection : The Origin and Future of a Biblical Doctrine* (New York 2006), 22-52.

Gaylord, H.E. "3 (Greek Apocalypse of) Baruch", J.H. Charlesworth (ed.), *Old Testament Pseudepigrapha vol. 1* (New York 1983), 653-679.

Gottschalk, H.B., *Heraclides of Pontus* (New York 1980).

Grelot, P., "L'eschatologie des Esséniens et le livre d'Henoch", *Revue de Qumran I* (1958), 113-131.

Gurtner, D.M., *Second Baruch: A Critical Edition of the Syriac Text* (London 2009).

Jones, K.R., *Jewish Reactions to the Destruction of Jerusalem in A.D. 70: Apocalypses and Related Pseudepigrapha* (Supplements to the Journal for the Study of Judaism 151; Leiden 2011).

Kulik, A., *3 Baruch: Greek-Slavonic Apocalypse of Baruch* (Commentaries on Early Jewish Literature; Berlin 2010).

Lampe, G.W.H., *A Patristic Greek Lexicon* (Cambridge 1961).

Metzger, B.M., "The Fourth Book of Ezra", J.H. Charlesworth (ed.), *The Old Testament Pseudepigrapha vol.1* (New York 1983), 516-559.

Mheallaigh, K., *The Moon in the Greek and Roman Imagination: Myth, Literature, Science and Philosophy* (Greek Culture in the Roman World; Cambridge 2020).

Milik, J.T., *The Books of Enoch: Aramaic Fragments of Qumrân Cave 4* (Oxford 1976).

Nickelsburg, G.W.E., *Jewish Literature Between the Bible and the Mishnah: A Historical and Literary Introduction* (Minneapolis 2005).

_____, *1 Enoch : a Commentary on the Book of 1 Enoch* (Minneapolis 2001).

Nickelsburg, G.W.E., VanderKam, J.C. (eds.), *1 Enoch : the Hermeneia Translation* (Minneapolis 2001).

Paul, D., "The Structure of Heaven and Earth: How Ancient Cosmology Shaped Everyone's Theology."

https://isthatinthebible.wordpress.com/2019/08/17/the-structure-of-heaven-and-earth-how-ancient-cosmology-shaped-everyones-theology/ 검색일: 2024/06/06.

Pentiuc, E.J., "The Nature of the Resurrected Bodies: 2Baruch and the New Testament", M. Henze, G. Boccaccini (eds.), *Fourth Ezra and Second Baruch: Reconstruction after the Fall* (Supplements to the Journal for the Study of Judaism, Vol. 164; Leiden 2013), 309-334.

Reed, A.Y., "Enoch, Eden, and the Beginnings of Jewish Cosmography", C. Burnett, J. Kraye (eds.), *Enoch, Eden, and the Beginnings of Jewish Cosmography* (London 2016), 67-94.

Ryken, L., Whilhoit, J.C., Longman T. (eds.), "Cosmology", *Dictionary of Biblical Imagery* (Illinois 1998), 169-174.

Segal, A.F., "Iranian Views of the Afterlife and Ascent to the Heavens", A.F. Segal (ed.), *Life After Death: A History of the Afterlife in Western Religion* (New York 2004), 173-203.

Sigvartsen, J.A., *Afterlife and Resurrection Beliefs in the Apocrypha and Apocalyptic Literature* (New York 2019).

Thompson, A.L., *Responsibility for Evil in the Theodicy of IV Ezra: A Study Illustrating the Significance of Form and Structure for the Meaning of the Book* (SBLDS 29; Missoula 1977).

Wright, J.E., "Baruch, Books of", C.A. Evans, S.E. Porter (eds.), *Dictionary of New Testament Background: A Compendium of Contemporary Biblical Scholarship* (The IVP Bible Dictionary Series; Illinois 2020), 148-151.

송혜경, 『구약외경 1』 (한님성서연구소 2022).
_____, 『구약외경 2』 (한님성서연구소 2023).
_____, "외경의 질문들 2", 『말씀터』 140호, 14-20.
_____, "외경의 질문들 3", 『말씀터』 141호, 14-20.
_____, "외경의 질문들 17", 『말씀터』 155호, 13-19.

김선영

지상의 낙원:
아프라하트와 에프렘의 내세관의 이해

차례

1. 문제 제기와 방법론
2. 아프라하트의 내세관
    - 2.1. 사후 영혼의 상태: 죽음부터 부활 이전까지
    - 2.2. 부활과 심판
    - 2.3. 예외 본문들
3. 에프렘의 내세관
    - 3.1. 사후 영혼의 상태: 죽음부터 부활 이전까지
    - 3.2. 부활과 심판
    - 3.3. 게헨나 또는 연옥
4. 추가 의문들
    - 4.1. 하느님의 정의와 하느님의 자비
    - 4.2. 아프라하트, 에프렘, 구약 외경 문헌들
5. 상태인가 공간인가: 낙원의 이해와 테오시스
6. 교회: 지상의 낙원
    - 6.1. 생명나무이신 그리스도
    - 6.2. 교회: 인간이 세운 낙원
7. 논의를 마치며
8. 참고 문헌

1. 문제 제기와 방법론

그리스도인들은 모두 내세를 믿는다. 이는 죽음이 끝이 아니며, 사람이 죽고 몸이 삭아 없어진 이후에도 영혼은 계속해서 존재한다는 믿음이다. 하지만 영혼이 '어떻게' 존재하는가에 대해서는 여러 다양한 상상들이 존재했다. 죽음 이후 영혼은 어디에 있으며 또 어떤 상태로 존재하는가? 영혼은 생전에 자신이 한 일에 따라 보상 또는 벌을 받는가? 만일 그렇다면 이 보상과 벌이 주어지는 시기는 언제이며, 이는 어떤 과정과 기준을 거쳐 이루어지는가? 죽은 이들은 부활하는가? 그렇다면 부활은 언제이며 어떤 방식으로 이루어지는가? 부활 이후의 세상은 무엇인가? 성경은 이 문제들을 언급하면서도, 이와 관련하여 분명하고 일관성 있는 답을 주지는 않는다. 그래서 초기 그리스도교 시기부터 이 문제들은 신학자들 사이에서 논쟁의 대상이 되었다. 이들은 성경의 가르침, 당대의 사상들, 문화 전통, 그리고 자기 자신의 관점을 모아 사람의 사후에 일어날 일들과 부활, 그리고 마지막 심판에 대한 다양한 생각들을 제시한다.

중요한 두 초기 시리아 저자, 아프라하트와 에프렘 역시 자신들의 작품에서 이 문제들을 다룬다. 아프라하트와 에프렘은 3세기 말에서 4세기에 이르기까지 동부 메소포타미아 지역에서 활동한 신학자들인데, 헬레니즘의 영향을 '상대적으로' 적게 받았으면서 동시에 자신들의 셈계 문화를 바탕으로 독특한 신학을 제시한 것으로 알려져 있다. 이 연구에서 다루는 내세의 문제와 관련해서도 이들은 동시대에 활동한 서방 교부들과 비슷하면서도 자신들의 구원론을 바탕으로 고유한 신학을 제시한다.

이 연구는 아프라하트와 에프렘의 작품들을 통해 이들이 가진 내세관을 살펴보고 이를 어떻게 이해할 것인가를 논의한다. 크게 둘로 나누어지는데,

먼저 1-3장에서는 아프라하트와 에프렘의 죽음 이후와 부활, 마지막 심판에 대한 다양한 생각들을 살펴본다. 이들의 내세관은 여러 작품들에서 언급되는데, 때로는 본문에 따라 세부 사항에서 서로 불일치하거나 모순되기도 한다. 여기에서는 본문 간 차이에 주목하기보다는 이들의 신학을 전반적으로 다룬다. 그리고 4-5장에서는 이들의 내세관을 어떻게 이해해야 할지를 논하며, 이를 바탕으로 이들의 내세관에 나타난 '실현된 종말론'을 살펴보겠다. 특히 시리아 구원론의 기본을 이루는 '테오시스'(Theosis) 사상이 이들의 내세관과 어떻게 조화를 이루는지에 초점을 맞춘다.

2. 아프라하트의 내세관

아프라하트는[1] 사후 영혼의 상태와 부활, 그리고 사후 영혼에게 주어질 상선벌악에 대한 자신의 견해를 여러 논고에 걸쳐 이 과정을 상세하게 서술한다. 이는 특히 '계약의 자녀들'이라고 불리는 일종의 금욕주의 공동체의 구성원들을 위해 저술된 『계약의 자녀들에 관한 논증(VI)』의 일부, 인류 전체의 부활과 그 양상을 다룬 『부활에 관한 논증(VIII)』, 종말과 마지막 심판을 묘사하는 『죽음과 마지막 때에 관한 논증(XXII)』에서 찾아볼 수 있다. 또 빈자를 향한 자선

---

[1] 아프라하트는 4세기 전후 페르시아 지역 교회에서 활동한 저자로, 에프렘과 더불어 가장 이른 시기의 저자이기도 하다. 그는 오늘날 『논증들』로 불리는 스물세 개의 논고들을 남겼는데, 이는 크게 그리스도인으로서 지녀야 할 덕목들에 관한 논고들과 반유다주의 성격을 띤 논고들로 나눌 수 있다. 이 논고들은 당시 페르시아 지역 교회 안팎의 상황들을 보여 주는 거의 유일한 기록일 뿐만 아니라 동부 메소포타미아 지역에 퍼져 있던 셈계 교회의 신학적 특성을 알 수 있게 해 주는 중요한 전거들이다.

을 언급하는 『빈자를 위한 자선에 대한 논증(XX)』에 포함된 부자와 라자로의 비유 해석에서도 내세관과 관련된 본문을 찾아볼 수 있다.[2]

해당 본문들을 살펴보기에 앞서 먼저 염두에 두어야 할 점은 아프라하트 자신은 내세관을 말하기 위해 해당 본문들을 쓴 것이 아니라는 점이다. 또, 그는 통일되고 체계를 갖춘 신학적 논고를 저술하지도 않았다. 『논증들』은 사목적 성격을 띤 작품들의 모음집으로 아프라하트는 자신이 활동하던 페르시아 교회의 신자들을 교육하고 이들의 믿음을 고취시키려는 의도에 따라 자신의 작품을 저술했다. 그의 내세관은 다양한 맥락에서 때로는 불분명하게, 때로는 선명하게 드러나며, 간혹 세부적인 내용이 서로 불일치하기도 한다. 하지만 내세와 관련된 전반적인 그림이 존재하는 것은 분명하다. 그러므로 이 연구에서는 그의 본문들을 다룰 때 본문들 사이의 차이에 주목하기보다는 전체적인 그림에 좀 더 초점을 맞춘다. 또 몇몇 본문들은 그의 내세관과 모순되는 것처럼 보이는데, 이에 대한 설명 역시 제시하겠다.[3]

2.1. 사후 영혼의 상태: 죽음부터 부활 이전까지

사후 영혼의 상태에 대한 의문은 인간론과 직접적으로 연결된다. 아프라하트의 인간론은 이미 여러 학자들에 의해 다루어졌으므로,[4] 여기서는 논의를 위해 간단히 소개한다. 대부분의 그리스도교 저자들과 마찬가지로 아프라하트는 '삼중인간론'(Trichotomy)을 견지한다. 이는 바오로의 인간론과 유사한데, 바

---

[2] 로마자는 해당 논고의 번호를 가리킨다. 이후로는 제목 대신 로마자로 번호로 표기한다.
[3] 이 연구에서는 파리소(Parisot)의 시리아어 본문을 사용한다.
[4] 이에 대해서는 Walters, "The Sleep of the Soul and the Resurrection of the Body: Aphrahat's Anthropology in Context"을 보라.

오로처럼 그는 인간이 두 개의 요소, 또는 세 개의 요소로 이루어져 있다고 보았다. 아프라하트에 따르면, 모든 인간은 태어날 때 몸과 '자연적 영'을 지니고 태어난다. 그의 인간론에서 이 '자연적 영'은 몸이 움직일 수 있게 하는 요소로, 목숨 또는 생명이라고 할 수 있으며, '개인의 영혼'과도 같은 의미로 사용된다. 그리스도인의 경우, 여기에 하나의 다른 요소가 추가된다. 이는 바로 '거룩한 영'이다. 그리스도인들은 세례 때, 하늘에서 세례의 물로 내려온 거룩한 영을 받아 입는다. 거룩한 영은 본문에 따라 하늘의 영 또는 그리스도의 영으로 불리기도 하는데, 아프라하트는 이를 그리스도가 하늘에서 보내 준 구원의 보증이라고 보았다. 거룩한 영은 그리스도인이 믿음을 지키고 충실하게 생활하는 한 그와 함께 머무르지만, 그가 잘못을 저질러 거룩한 영을 슬프게 하면(에페 4,30), 거룩한 영은 그로부터 떠나가 버린다(VI:14). 사람이 죽으면 몸과 자연적 영은 땅에 묻히고 거룩한 영은 하늘로 떠난다. 거룩한 영은 하느님께로 돌아가 그곳에서 머무르며, 부활의 날이 와서 자신이 함께했던 몸이 되살아나기를 기다린다. 이때 마태 18,10에서 언급되는 '작은 이들의 천사'는 그들이 세례 때 받아 입었던 거룩한 영으로 해석된다. 반면, 인간의 몸과 자연적 영은 땅에 묻힌다(VI:14)

땅에 묻힌 몸은 삭아 없어지지만(VIII:1), 영혼은 죽지 않는다. 영혼은 하느님의 숨결에서 온 불멸의 존재이기 때문이다(창세 2,7). 하지만 영혼이 감각을 가지고 일어서기 위해서는 몸이 필요하다. 그러므로, 몸이 땅에 있으면서 부활의 날이 오기까지 영혼은 일종의 가사 상태에 빠진다.[5] 아프라하트는 부활이 오기 전까지 죽은 이의 상태를 '잠든 사람'에 빗대어 표현한다.[6]

---

[5] VI:14. "사람이 죽으면 자연적 영은 몸과 함께 묻히고 감각 역시 그로부터 없어지게 됩니다."
[6] 시리아 저자들의 작품에서 자주 찾아볼 수 있는 이 은유는 보통 "영혼의 잠"이라고 불린다 (Gavin, "The Sleep of the Soul in the Early Syriac Church" 참조). 이는 성경에서 죽은 이

『부활에 관한 논증(VIII)』

19. 주인이 그를 두고 채찍과 족쇄를 준비해 둔 종은 잠들어 있을 때 깨어나지 않기를 바랄 것입니다. 그는 아침이 되어 깨어나면 자기 주인이 자신을 채찍질하고 결박하리라는 것을 알고 있기 때문입니다. 하지만 그의 주인이 선물을 약속한 착한 종은, 아침이 되어 자기 주인으로부터 선물을 받게 되기를 기다립니다. 또한 깊이 잠들어 있을 때도 그는 꿈속에서도 자기 주인이 자신에게 약속한 것을 주는 것을 보고, 기뻐하고 즐거워하며 환호할 것입니다. 하지만 악인의 잠은 달콤하지 않습니다. 왜냐하면 그는 '오, 아침이 되었구나!'라고 생각하며 꿈속에서도 절망하기 때문입니다. 반면 의로운 이들은 잠들고, 잠은 밤이나 낮이나 그들에게 달콤합니다. 그들에게는 긴 밤도 전혀 [길게] 느껴지지 않고, 오히려 그들 눈에는 한 시간처럼 여겨집니다. 그리고 그들은 아침 일찍 일어나 기뻐합니다. 악인들의 잠은 그들에게 [버겁게] 놓입니다. 그들은 심한 고열로 누워 있는 사람과 같습니다. 그는 침상에서 이리저리 뒤척이며 긴 밤 내내 괴로워합니다. 그는 주인이 자기를 단죄할 아침이 오는 것을 두려워합니다.

20. 그러므로 우리의 믿음은 이렇게 가르칩니다. 사람들이 누워 있을 때, 그들은 단지 자고 있을 뿐, 선도 악도 모릅니다. 심판하시는 분께서 오시어 [그분의] 오른쪽[에 있는 이들]과 왼쪽[에 있는 이들]을 구분하시기 전에는, 의인들은 자기들에게 약속된 것들을 받지 못하고 악인들 역시 벌을 받지 않습니다. [성경에] 기록되어 있는 것을 통해 이해하십시오. 심판하시는 분께서 자리에 앉으시고 그분 앞에 책들이 펼쳐져 선인들과 악인들이 불림을 받을 때가 되어서야 열심히 선을 행한 이들은 선하신 분으로부터 선한 것들을 받고, 악을 저지른 자들은 정의로

들을 '잠든 이'로 부르는 구절들의 영향을 받았을 것이다. 죽음을 잠으로 표현하는 것은 거의 모든 문화권에서 찾아볼 수 있으며, 고대 근동 문헌들에서도 이러한 표현이 자주 사용된다.

운 심판관으로부터 악한 [벌]을 받을 것입니다.

죽은 이들은 선악도 구분하지 못하고 따라서 선행을 하거나 악행을 저지르지도 않는다. 또 이들에게 보상이나 벌 역시 주어지지 않는다. 다만 영혼은 잠들어 있으면서 활동하지 않지만, 완전히 죽은 것은 아니고, 마지막 날에 올 심판에 대해서는 인지하고 있는 상태. 이들은 아침에 주인이 내릴 상 또는 벌을 기다리는 종의 모습으로 표현된다. 아침이 와야 주인이 그들을 부를 것처럼, 마지막 날에 모든 이들이 부활하고 '심판이 이루어진 후에야 그들의 행실에 대한 상벌이 주어질 것이다.

2.2. 부활과 심판

그렇다면 부활이 오면 어떤 일이 일어나는가? 아프라하트는 모든 이들의 부활, 곧 보편 부활을 이야기한다. 부활 이후에는 마지막 심판이 뒤따른다. 하지만 이 심판이 모든 이들에게 똑같이 적용되지는 않는다. 아프라하트는 심판과 관련하여 부활한 이들을 의인들과 악인들, 그리고 죄인들이라는 세 그룹으로 나누어 이들의 운명을 묘사한다.

먼저 첫째 그룹에 속하는 의인들의 운명을 살펴보자. 충실한 삶을 살았던 그리스도인들, 곧 의인들이라고 불리는 이들은 그가 받아 입었던 거룩한 영과 재회한다. 이들은 의인들이므로 그들에게는 심판이 필요 없다(XXII:15). 이들이 살아 있는 동안 함께하던 거룩한 영은 이들의 죽음 중에도 하느님께 그들을 위해 변호해 준다. 아프라하트는 마태 18,10에서 언급되는 '가장 작은 이들의 천사들'을 그리스도인들이 세례 때 각자 받은 거룩한 영이라고 해석한다. 이 영은 의인이 죽어 잠들어 있을 동안은 하느님 앞에 머무르며, 의인을 변호하고 부활을 기다린다.[7] 부활의 날이 오면 거룩한 영은 즉시 무덤으로 내려와 그를 온전히 영적으로 변모시키고 그는 하느님을 만나기 위해 하늘로 들려 올라간다. 이는 부활 이후 영적 변모를 묘사하는 VI:14에서 묘사되며, XXII:15에서도 다시 간단히 언급된다.

『계약의 자녀들에 관한 논증(VI)』

14. 자연적 영은 천상적 영에 삼켜지고, 사람은 온전히 영적인 존재가 될 것입니다. 그의 몸이 [영] 안에 있기 때문입니다. 죽음은 생명에, 몸은 영에 삼켜질 것입니다. 그 사람은 영에 의해 임금을 뵙기 위해 날아가고(1테살 4,17), 그분께서는 기뻐하며 그를 받아들이실 것입니다. 그리고 그리스도께서는 자신의 영을 정결함 안에서 지킨 몸에 고마워하실 것입니다.

둘째 그룹에 속하는 악인들 역시 심판을 받지 않는다. 그들은 일시적으로 부활해서 셔올에서 올라오지만, 다시 셔올로 내려가야 한다.[8] 또 이들은 죄와 잘못을 많이 저질렀기 때문에 법정에 서서 재판을 받을 권리도 얻지 못한다.

14. 하지만 자연적인 [상태로 남아 있는] 이들은 자기들 몸의 무게 때문에 땅 위에 그대로 남아 있다가, 셔올로 돌아갈 것입니다(시편 9,18). 그리고 그곳에서 울며 이를

---

7   VI:15. "우리 주님께서 하신 말씀을 들어 보십시오. '너희는 나를 믿는 이 작은 이들 중 하나도 업신여기지 마라. 하늘에서 그들의 천사들이 항상 내 아버지의 얼굴을 보고 있다.' 바로 이 영이 항상 [하늘로] 가서 하느님 앞에 서서 그분의 얼굴을 보고, 자기가 머무르고 있는 성전에 해를 입히는 사람을 하느님 앞에서 고발하는 것입니다"; VIII:23. "의로운 이들이 받은 영은, 부활의 때가 되어 자기가 머물던 몸을 입으러 다시 올 때까지, 자기의 천상적 본성에 따라 우리 주님 곁으로 돌아갑니다. 그리고 하느님 앞에서 늘 그 [몸]을 기억하며 자기가 살았던 몸의 부활을 열망합니다."

8   앞서 아프라하트는 죽은 이의 몸과 자연적 영, 곧 영혼은 땅에 묻힌다고 언급했다. 이는 악인들이 '셔올에서 올라온다'라는 표현과 불일치한다. 이에 대해서는 아래서 다시 다루겠다.

갈 것입니다(마태 8,12).

『죽음과 마지막 때에 관한 논증(XXII)』

17. 불경한 자들은 법정에 서지 못하고 죄인들은 의인들의 모임에 [서지 못할 것입니다](시편 1,5). 선행들을 통해 완전해진 의인들이 재판을 받기 위해 심판에 들지 않을 것처럼, 죄가 많고 잘못이 넘치는 악인들 역시 그러할 것입니다. 그들은 심판을 받으러 다가올 필요는 없겠지만, 그들이 부활했을 때 다시 셔올로 돌아가야 합니다. 이는 다윗이 "불경한 자들과 하느님을 잊은 민족들은 모두 셔올로 되돌아가리라(시편 9,8)"라고 말한 대로입니다. 이사야가 말하였습니다. "모든 민족들은 두레박에서 떨어지는 물 한 방울 같고 천칭 위의 티끌과도 같다. 섬들은 먼지처럼 던져지리라. 모든 민족들은 그분께는 없는 것이나 마찬가지, 단지 파괴와 폐허의 대상으로만 여겨진다(이사 40,15.17)."

그러니 배우고 받아들이십시오! 자기들의 창조주 하느님에 대해 아무것도 모르는 민족들 모두는 하느님께 아무것도 아닙니다. 그들은 심판을 받으러 다가오지는 않겠지만, 그들이 부활할 때 셔올로 돌아갈 것입니다.

위 본문에서 말하는 심판받을 권리도 없는 악인들은 하느님을 모르는 이들과 하느님을 알고 그리스도교 신앙을 받아들였더라도 살아 있는 동안 많은 죄를 지었던 이들이다. 위 본문에서 아프라하트는 하느님을 모르는 이들, 곧 그리스도를 믿지 않는 이들은 부활하더라도 심판을 받지 않으리라고 말한다. 이들에게는 아예 구원의 기회가 없다. 하지만 그리스도를 믿는 이들 가운데서도 심판의 기회를 받지 못하는 사람들도 있다. 이들은 바로 자신이 입었던 "그리스도의 영을 슬프게" 만들어, 그가 자신으로부터 떠나게 만든 이들이다(VI:14). 이들은 그리스도의 영이 없기 때문에 부활 이후에도 "자연적인 상태"에 머물러 있을 따름이다. 그리스도의 영을 '슬프게' 만드는 일이 무엇인가는 명확하게 언급되지 않지만, 아마도 정결 서약을 어기는 것처럼 그리스도인으로서의 의무를 저버리고 죄를 짓는 것을 말하는 듯하다.

의인들과 악인들을 제외하고 보통 '죄인'이라고 불리는 나머지 사람들, 곧 평범한 이들의 운명은 재판을 통해 결정된다. 이들은 심판하시는 분 곁으로 모여 하나하나 자신이 생전에 한 일들에 따라 심판을 받는다.

『죽음과 마지막 때에 관한 논증(XXII)』

18. 죄인이라고 불리는, 온 세상의 나머지 [사람들]은 재판정에 서서 고발을 당할 것입니다. 적은 몫의 [잘못]을 가진 이들의 경우, 심판하시는 분께서는 그들을 고발하고 그들이 죄를 지었다는 것을 알려 줄 것입니다. 그리고 재판 후에 그들에게 생명의 유산을 줄 것입니다. 우리 주님께서 그분의 복음서에서 가르쳐 주신 것으로부터 이해하십시오. "모든 사람은 자신이 한 일에 따라 품삯을 받을 것이다." 돈을 받은 사람은 이익을 보았습니다. [자기가 받은] 미나 또는 탈렌트를 가지고 열 배의 수익을 낸 사람은 아무것도 잃지 않고 약속된 생명을 받았습니다. [자기가 받은] 미나 또는 탈렌트로 다섯 배의 수익을 낸 사람은 열의 절반을 받았습니다. 어떤 사람은 열에 대한 권한을 받고 어떤 사람은 다섯에 대한 권한을 받았습니다. 자기 품삯을 요구하는 이들은 말없이 그것을 받는 이들보다 더 훌륭합니다. 왜냐하면 그들은 얼굴을 가리지도 않고 하루 종일 일하여, 품삯을 받고도 [주인]이 품삯을 더해 주리라 확신하며 요청할 수 있기 때문입니다. 한 시간을 일한 사람은 말없이 [자기 몫을] 받습니다. 그들은 자신들이 은총을 통해 자비를 입고 생명을 얻으리라는 것을 알고 있습니다. 자기들의 죄가 많은 이 죄인들은 법정에서 단죄 받아 심판을 받으러 갈 것입니다. 그때부터, 그리고 그 이후, 심판이 지배할 것입니다.

흥미롭게도 아프라하트는 적은 죄를 지은 이들에게는 생명의 유산이 허락된다고 말한다. 여기에서 적은 죄가 정확히 무엇을 의미하는지는 알 수 없다. 사소한 죄일 수도 있고 무지와 오류에서 비롯된 잘못일 수도 있다. 심판하시는 분은 그들의 잘못을 일깨운 후, 그들에게도 생명의 유산을 부여한다. 마찬가지로 죄를 일깨운다는 것이 무엇을 뜻하는지도 알 수 없다. 단순히 죄를 고지하는 것에 그칠 수도 있고 자신의 죄를 깨닫고 양심의 가책을 느끼는 것 자체가 일종의 징벌이라고 여겨질 수도 있다.[9] 오늘날 가톨릭 교회에서 말하는 연옥처럼 영혼의 정화를 가리키는 것일 수도 있다. 다만 여기에서 알 수 있는 것은 아프라하트가 말하고자 하는 것은 죄인이 다 같은 죄인은 아니라는 것이다. 적은 죄를 지은 이들은 심판하시는 분의 관대함에 기대어 구원을 받는다.

아프라하트는 이 상황을 마태 20,1-16의 포도밭 주인의 비유에 근거하여 설명한다. 이 비유의 본래 메시지는 주인의 관대함을 강조하는 것이다. 또 이 비유에서 예수님은 하루종일 열심히 일하면서도 약자들에게는 관대하지 못한 이들의 매정함을 비판한다. 아프라하트는 이 비유에서 말하는 주인의 관대함을 하느님의 은총을 가리키는 것으로 해석하여 적게 일한 사람, 곧 적은 죄를 지은 이도 구원받으리라고 말한다. 하지만 그는 '차등적 보상' 역시 강조한다. 그에 따르면 적게 일한 사람, 곧 적은 죄를 지은 이들은 자신들이 "고개를 숙이고" 조용히 이를 받아들여야 한다. 그들이 생명의 유산을 받은 것은 오직 하느님의 관대함 덕분이기 때문이다. 또 한 시간 일한 사람도 주인의 관대함에 기대어 품삯을 받았다면, 그보다 더 일한 사람은 당당히 '더 많은 품삯'을 요구할 수 있어야 한다. 사는 동안 더 많은 선행을 베풀고 그리스도인으로서 충실한 삶을 산 이들은 그분으로부터 더한 보상을 받을 수 있을 것이다. 관대한 포도밭 주인의 비유는 『계약의 자녀들에 관한 논증(VI)』의 1장과 『통회자들에 관한 논증(VII)』의 19장에서도 인용된다. 그는 "일한 만큼의 댓

---

9   아래 에프렘의 "게헨나" 항목을 참조하라.

가"를 강조한다(VII:19).[10] 또 그는 열심히 일해 '더 많은 품삯'을 당당히 청하라고 말한다(VI:1).[11]

마지막으로 죄인들 가운데서도 심판을 거친 후에 최종적으로 벌을 받는 징소로 보내어지기로 결정되는 사람들이 있다. 이들은 심판받지도 않고 셔올로 되돌아간 이들과 함께 영원한 벌을 받는다.[12] 본래 셔올은 구약성경에서 죽은 이들이 일괄적으로 가는 장소로 그려지지만, 아프라하트는 셔올과 '벌을 받는 장소'를 구분하지 않는다. 이 '벌을 받는 장소'는 그리스도교 저자들의 작품에서 종종 "게헨나"로 불리기도 하는데, 아프라하트는 "게헨나"라는 어휘를 사용하지 않는다.[13] 셔올과 게헨나는 다만 하늘나라와 반대되는, 악인의 벌을 위한 장소로 묘사된다.

『죽음과 마지막 때에 관한 논증(XXII)』

22. 또 나는 악에 대한 갚음도 모든 사람에게 똑같지 않으리라는 사실도 말해 두겠습니다. 많은 악행을 저지른 사람은 크게[14] 벌을 받을 것이고, 가벼운 악을 저지른 사람은 약하게 적게 벌을 받을 것입니다. 어떤 이들은 바깥 어두운 곳으로 가

---

10 VII:19. "포도밭에서 태만하게 일한 사람은 품삯을 받고 고개를 숙일 뿐, 그 이상을 요구할 수는 없을 것입니다."
11 VI:1. "우리는 그날의 일과보다 더 많은 일을 합시다. 우리가 품삯을 더 많이 요구할 수 있도록."
12 VIII:7. "사랑하는 이여, 어째서 야곱은 이집트 땅이 아니라 자기 조상들과 함께 묻히기를 원했습니까? 그는 자기가 죽은 이들이 되살아나기를 기다리고 있었다는 것을 앞서 보여 준 것입니다. [부활의] 외침과 뿔나팔 소리가 있을 때, 그는 자기 조상들과 함께 부활할 것입니다. 그리고 그는 부활의 때에 셔올과 고통[스러운 곳]으로 되돌아갈 악인들과 섞이지 않을 것입니다."
13 이 단어는 『논증들』 전체에서 바리사이들을 "게헨나의 자식들"이라고 부르는 마태 23,15을 인용할 때만 두 번 등장한다.
14 직역하면, "많이."

그곳에서 울며 이를 갈 것입니다(마태 7,12; 22,13). 어떤 이들은 마땅히 불로 떨어질 터인데, 그들을 두고서는 자기들 이를 갈거나 그곳에 어둠이 있다고 기록되어 있지도 않기 때문입니다. 다른 장소로 떨어지는 이들도 있을 텐데, 그곳에서는 그들[을 갉아먹는] 벌레가 죽지도 않고, 그들[을 태우는] 불이 꺼지지도 않을 것입니다. 모든 사람들이 그들을 보고 놀라워할 것입니다(이사 6,24; 마르 9,48). 어떤 이들은 그들 바로 앞에서 문이 닫히고, 심판하시는 분께서는 "나는 너희들을 모른다"라고 그들에게 말씀하실 것입니다. 그러니 이해하십시오, 모든 이가 착한 행실의 상급을 똑같이 받지 않는 것처럼, 악행의 벌도 그러할 것입니다.[15] 사람들은 한 가지 방식으로만 심판받지 않을 것입니다. 모든 사람이 자신의 행실에 따라 갚음을 받을 것입니다. 심판하시는 분께서는 공정을 두르시고, 누구의 사정도 보아주지 않으시기 때문입니다.

아프라하트는 마태 7,12; 22,13; 이사 6,24와 마르 9,48에 근거하여 악인들이 각각 다양한 벌을 받으리라고 말한다. 어두운 장소, 끝없이 몸을 갉아먹는 벌레들, 영원히 꺼지지 않는 불은 성경에서 셔올 또는 사후 악인들이 보내어질 고통스러운 곳을 대표하는 이미지들이다. 아프라하트는 사람들이 자신의 악행에 걸맞는 벌을 받으리라고 말하며 심판의 '공정성'을 강조한다.

2.3. 예외 본문들

위에서 다룬 본문들은 탄생에서 죽음, 부활과 마지막 심판에 이르기까지 하나의 과정을 보여 준다. 사후 영혼은 잠을 자다가 부활의 날에 일어나, 자신

---

[15] 직역하면, "착한 행실들의 갚음이 모든 이들에게 똑같지 않은 것과 마찬가지로, 악행들[의 갚음] 역시 그러하다는 것을 이해하십시오."

의 행실에 따른 보상 또는 벌을 받는다. 하지만 모든 본문이 '죽음-부활-심판'이라는 하나의 체계에 맞추어 쓰인 것은 아니다. 어떤 본문들은 지금까지 언급한 내세관과 부합하지 않는 것처럼 보인다. 이 본문들은 구약성경처럼 죽은 자의 영혼이 모두 셔올로 이동한다고 암시한다. 이에 따르면 그리스도는 셔올로 내려가 그곳을 파괴하고 그곳에 머물러 있는 의인들의 영혼들을 구해낸다(XXII:4-6). 아프라하트는 당시 셔올에 잠들어 있던 의인들 중 일부가[16] 그리스도와 함께 그곳에서 나왔다고 말하는데, 그 이후 셔올에서의 상황은 알 수 없다. 또 이 본문에서 아프라하트는 그리스도가 죽음을 무력화시킬 '독'을 셔올에 남겨 두었다고 말하는데, 이를 통해 여전히 셔올의 존재가 유효하며 죽은 자의 영혼이 셔올로 갈 것이라고 유추해 볼 수 있다. 해당 본문들을 통합하여, 그리스도 이전에는 죽은 이들이 셔올에 가고, 그리스도 이후에는 셔올이 아니라 땅에 묻힌다고 해석할 수도 있지만, 이를 뒷받침할 근거는 없다.

비슷한 불일치가 부자와 라자로에 관한 비유 해석에서도 드러난다. 아프라하트는 XX:7장과 9장에서 루카 16,19-31을 거의 그대로 인용한다. 이에 따르면, 라자로에게 선행을 베풀지 않았던 부자는 죽어 묻힌 직후 셔올로 떨어졌고 그곳에서 고통을 받는다.[17] 반면 라자로는 천사들의 인도에 따라 하늘나라에 올라가 아브라함의 품에 안겼다. 이는 앞서 아프라하트가 말하는 '유예된

---

[16] 전치사 *min*이 사용된다. 직역하면, "의인들로부터." 발라바노리컬과 르토는 이를 "Some of the righteous who were sleeping…"로 옮긴다. Valavanolickal, *Aphrahat: Demonstrations II*, 233; Lehto, *The Demonstrations of Aphrahat, the Persian Sage*, 463. 셈어에서 전치사 *min*은 부분사(partitive)로 사용되어, 문맥에 따라 대상을 비특정하거나(indefinite), 반대로 한정사로 사용될 수 있다. 아프라하트는 자주 "그리스도의 영으로부터"라는 말을 사용하는데, 이때 그리스도의 영이 '한량없다'라는 점이 함께 강조된다.

[17] 루카 16,19-31을 인용할 때 아프라하트는 『조화복음』을 인용했다고 알려져 있는데, 타티아누스는 그리스어로 저승을 의미하는 하데스를 셔올로 옮긴 듯하다. 페쉬타 역자도 마찬가지다.

상벌'의 개념과 모순된다. 이야기가 전개되는 시점에서 여전히 세상은 끝나지 않았기 때문이다. 부자와 라자로의 비유를 인용할 때, 아프라하트는 '라자로를 자기 형제들에게 보내 달라'는 부자의 청을 포함하여, 사건의 시점이 '부활 이후'가 아니라 '현세'에서 일어나고 있다는 사실을 분명히 밝힌다.[18]

그리스도의 셔올 하강 전승과 부자와 라자로의 비유는 앞서 아프라하트가 제시한 내세관과 불일치한다. 『논증들』이 한 사람의 손에 쓰였다는 것이 확실하다는 점을 고려하면, 이 논고들 사이의 불일치는 이해의 어려움을 준다. 하지만 아프라하트 본인은 이 본문들을 인용할 때 이러한 불일치에 주의를 기울인 것 같지 않다. 오히려 그는 자신이 인용한 본문에서 찾을 수 있는 메시지에 더 초점을 기울인 듯하다. 먼저 그리스도의 셔올로의 하강 전승에서 아프라하트가 강조한 것은 그리스도가 셔올과 죽음의 속박에서 인간을 구해냈다는 데 있을 뿐, 자신의 내세관을 뒷받침하기 위해 이 전승을 이용한 것은 아니다. 또 부자와 라자로의 비유의 경우, 아프라하트는 이 본문을 성경에서 제시된 그대로 인용했을 뿐이다.[19] 그는 자신의 내세관을 보여 주기 위한 근거 본문으로 사용하지도 않았다.[20] 아프라하트는 이 본문을 반유다주의적 시각에서 해석하여 그리스도인들의 자선이야말로 진정한 자선이라는 점을 강조했다.[21] 그는 부자들이 유다인들을 의미하며 부자가 죽었다는 말은 하느님께서 그들을 버렸다는 의미로 이해한다.[22] 반면 라자로는 그리스도의 예형으로 받

---

18 이는 에프렘이 부자와 라자로의 비유를 인용하면서도, 부자가 아브라함에게 '라자로를 자기 형제들에게 보내달라'고 청하는 부분은 언급하지 않은 것과 대조된다. 에프렘의 경우, 이 비유는 명백히 '부활 이후'의 시점에서 해석된다(아래 참조).
19 Valavanolickal, *Aphrahat: Demonstrations I*, 17.
20 이는 루카 16,19-31이 초기 그리스도교 저자들의 내세관을 형성하는 주요 본문으로 기능했던 것과는 대조된다.
21 이 논고의 반유다주의적 시각에 대한 연구는 Becker, "Anti-Judaism and Care for the Poor in Aphrahat's 'Demonstrations 20'"을 참고하였다.

아들여지고 라자로의 종기를 핥았던 개들은 그리스도인들로 해석된다.[23] 그리고 라자로가 천사들에 의해 하늘로 올라간 것은 바로 그리스도의 승천을 의미한다고 해석했다(XX:11).

논의를 요약하면, 아프라하트는 셈계 전통에 바탕을 둔 '영혼의 잠'의 개념을 이용하여 자신의 내세관을 제시한다. 죽은 이의 영혼은 부활의 날이 오기까지 잠들고, 의인을 위한 보상과 악인을 향한 벌 역시 그때까지 유예된다. 하지만 그는 부활의 날에 있을 심판의 과정과 결과를 단순히 '의인은 보상을 받고 악인은 벌을 받는다'라는 단순한 도식에서 벗어나, 상벌이 사람들의 행실에 따라 '차등적으로' 주어질 것이라고 말한다. 특히 적게 죄를 지은 이들은 의인이 못 되더라도 구원받을 가능성이 있다고 언급했고, 선행을 많이 행한 사람은 천국에서 더 많은 보상을 받으리라고 말한 점은 흥미롭다. 아마도 이는 그의 사목자로서의 관점이 반영된 듯하다. 몇몇 본문들은 그의 내세관과 불일치하지만, 해당 본문들의 경우, 아프라하트의 저술 의도에 맞추어 인용된 것일 뿐 그의 전반적인 내세관에는 영향을 주지 못한다.

---

22 XX:7. "자기가 가진 좋은 것들 안에서 즐겁게 살았던 부자는 먹어 살찌고, [가난한 이를] 걷어차며, 주님을 잊어버리고 하느님을 저주한 그 민족입니다. 이는 '이스라엘 자손들은 하느님을 거스르고 모세를 거슬러 좋지 않은 말들을 하였다'라고 기록된 대로입니다."
XX:10. "그분께서 '부자가 죽었다'라고 말씀하신 것에 관하여 [설명하자면], 진실로 예언자가 그들을 두고 말하였습니다. '주 하느님께서 너를 죽게 하시고, 그분의 종들을 다른 이름으로 부르실 것이다.'"

23 XX:8. "[부자의 집] 대문 앞에 누워 있던 가난한 이는 우리 구세주의 모형입니다. 그분께서는 그들로부터 소출을 받아 자신을 보내신 분께 드리기를 간절히 원하며 신음 중에 계셨습니다. 하지만 아무도 그분께 그것을 드리지 않았습니다. 또 그분께서 '개들이 와서 그의 종기들을 핥았다'라고 말씀하신 것은, [그분에게] 온 그 개들이 바로 우리 주님의 종기들을 핥는 민족들이기 때문입니다. 이는 그들이 그분의 몸을 받아들고 자기들 눈앞에 두는 것을 말합니다." 몸을 받아들어 눈앞에 두고 혀로 핥았다는 말은 성찬례를 암시한다.

3. 에프렘의 내세관

에프렘의[24] 내세관은 『낙원의 찬가』와 『니시비스의 찬가』(*Carmian Nisibene*), 그리고 『푸블리우스에게 보낸 편지』에서 찾아볼 수 있다. 이외에 『동정의 찬가』 등에서도 이와 관련된 구절들이 지나가듯 언급되기도 한다.[25] 이 연구에서는 『낙원의 찬가』와 『푸블리우스에게 보낸 편지』(*Letters to Publius*, 이하 LP)를 주로 다룬다.[26]

3.1. 사후 영혼의 상태: 죽음부터 부활 이전까지

에프렘의 인간론은 아프라하트와 매우 비슷하다. 그 역시 아프라하트처럼 '삼

---

[24] 에프렘은 아프라하트보다 몇십 년 늦게 활동한 시리아 저자로, 시리아 문학사에서 가장 중요한 인물이다. 아프라하트가 페르시아 지역 교회에서 속한 것과는 달리 에프렘은 로마의 동부 지역에서 활동하며 수많은 작품들을 남겼다. 그의 생애와 작품에 대한 자세한 설명은 이수민, 『마르 에프렘의 낙원의 찬가』, 53-82을 보라.

[25] 이외에 에프렘의 이름으로 저술된 『장례 찬가』(*funeral madrosho*)가 있지만, 이 작품은 오늘날 위본으로 여겨지고 있다(이수민, 『마르 에프렘의 낙원의 찬가』, 71). 이에 따르면 사람이 죽으면 그 몸은 즉시 영혼과 분리되고, 의인의 영혼은 천사를, 악인의 영혼은 악마를 만난다. 의인의 영혼은 천사의 도움을 받아 천상 영역으로 향한다. 목적지에 도달하는 과정에서 영혼은 하늘을 지배하는 악하고 무서운 존재들의 심판과 요구를 맞닥뜨려야 하는데, 이는 보통 요금소(Toll-gate)의 이미지로 표현된다. 천사는 영혼이 이 지역을 무사히 통과하도록 돕는다. 반면 악인은 악마의 손에 이끌려 형벌의 장소인 게헨나로 향한다(Burges, *Select Metrical Homilies of Ephraem the Syrian*, 29-30 참조). 하지만 이러한 상상은 영혼의 상벌이 죽음 직후에 주어진다고 보기 때문에 에프렘의 사후 세계관과는 반대된다.

[26] 이 연구에서는 이수민, 『마르 에프렘의 낙원의 찬가』에 제시된 시리아어 본문을 사용했다. 우리말 번역은 해당 책의 번역을 참조하여 이 연구의 목적과 오늘날 주로 쓰이는 어휘에 맞추어 새로 옮긴 것이다.

중 인간론'을 견지했고, 몸 없는 영혼은 불완전한 상태에 있다고 여겼다.[27] 그리고 부활의 날이 오기 전에는 어느 누구도 자신의 행동에 대한 '되갚음'을 받지 못한다고 보았다. 또 아프라하트의 경우처럼, 사후 세계관에 대한 에프렘의 생각은 큰 줄기에서는 일관적이지만, 세부적인 측면에서는 작품에 따라 약간 다르게 나타난다. 무엇보다도 에프렘은 자신의 내세관을 체계적인 신학 논고가 아니라 시 문학을 통해 표현했고, 사목적인 의도로 저술했으므로, 그의 내세관은 그의 몇몇 작품을 통해 전체적인 윤곽을 그려 볼 수 있을 뿐이다.

죽음 이후 몸과 영혼의 상황은 『니시비스 찬가』와 『낙원의 찬가』를 비롯한 몇몇 작품들에서 묘사되는데, 각 작품들은 죽은 이들의 영혼이 어디로 가는가에 대해 약간 다른 그림을 제시한다. 먼저 『니시비스 찬가』에서는 모든 이의 영혼이 셔올에 간다고 묘사된다. 이때 셔올에 가는 것이 영혼뿐인지 아니면 몸과 영혼이 모두 함께 그곳으로 가는지는 분명하게 드러나지 않는다. 죽음과 사탄은 셔올의 지배자로서 이 영혼들을 감시하는 존재들로 그려진다.[28] 셔올에서 죽은 이의 영혼은 '잠'을 자는 것처럼 묘사된다(『니시비스 찬가』 65편). 그리스도가 오기 전까지 이 운명을 피할 수 있었던 사람은 오직 산 채로 하늘로 올라간 엘리야와 에녹뿐이었다. 하지만 그리스도는 십자가에서 죽음을 맞은 후 셔올로 내려와 아담을 비롯한 의인들의 영혼을 구해냈다(『니시비스 찬가』 36편 6-7절, 65편 후렴구). 그렇다면 이제 셔올은 어떻게 되는가? 모든 의인들의 영혼은 그리스도가 셔올에서 나갈 때 함께 이곳을 빠져나갔는가? 또 그리스도 이후에 죽음을 맞을 이들, 특히 의인들은 어떻게 되는가? 『니시비스 찬가』는 그 이후

---

27 이에 관한 여러 논의들은 Buck, "Sapiential Theōsis: A New Reading of Ephrem the Syrian's Hymns on Paradise", 88-92; Dal Santo, *Debating Saints' Cult in the Age of Gregory the Great*, 244-254; Kim, "Body and Soul in Ephrem the Syrian"을 보라.

28 이 작품의 상당 부분이 의인화된 사탄과 죽음이 서로 대화하는 형식으로 구성되어 있다.

의 상황을 이야기하지 않는다.

아마도 우리는 이에 대한 답을 『낙원의 찬가』에서 찾을 수 있을 것이다.[29] 『낙원의 찬가』는 『니시비스 찬가』와는 약간 다른 그림을 제시한다.[30] 앞서 『니시비스 찬가』에서는 셔올이 의인들과 악인들 모두의 영혼을 받아들이는 공간으로 그려졌다면, 『낙원의 찬가』는 의인들의 영혼이 낙원의 문 앞에서 부활을 기다리고 있다고 말한다. 학자들은 보통 이 공간을 '대기실'(ante-room)이라고 부르는데, 에프렘은 이곳을 낙원의 경계(『낙원의 찬가』 1,16), 낙원의 울타리(5,3; 7,26.28; 8,11), 낙원의 주변부(10,4), 낙원의 문턱(6,2) 등으로 부른다. 이곳은 낙원의 맨 아랫부분(3,17), 바깥쪽(4,8)에 위치하며,[31] 에덴이라고 불리기도 한다(6,16). 의인들의 영혼은 이곳에서 부활의 날에 부활한 몸과의 재회하기를 기다린다.

> 8,11 그러므로 [낙원]의 울타리에 있는 탐나는 거처들 안에는,
>
> 정의로운 이들과 의로운 이들의 영혼이 머무르며,
>
> 그곳에서 기다리네, 자기들의 사랑하는 몸들을.

---

29 다만 에프렘의 여러 작품들이 하나의 일관적 체계를 이루고 있다고 '가정'하여, 각 작품의 내용을 조합하여 하나의 세계관을 도출하는 것은 위험할 수 있다는 점은 염두에 두어야 한다.

30 벅은 이를 두고 『니시비스 찬가』와 『낙원의 찬가』가 "부분적으로 상충되는(conflict)" 내용을 제시한다고 지적한다. Buck, "Sapiential Theōsis: A New Reading of Ephrem the Syrian's Hymns on Paradise", 102.

31 『낙원의 찬가』에서 낙원은 높은 지대에 위치하고 낙원 자체가 산과 같은 모습으로 이루어져 있으며 가장 아래쪽 낙원의 경계에는 울타리가 둘러져 있다고 묘사된다. 낙원 꼭대기에는 지성소가 있다. 또 낙원을 위에서 들여다보았을 때 가운데 지성소가 있고, 이 주변에 낙원의 공간이 존재하며 경계에는 울타리가 쳐진 곳으로 묘사된다. 낙원의 모습은 유다인들의 전통적 낙원상의 영향을 받았을 것으로 여겨진다. 이에 대한 논의는 Brock, *St. Ephrem the Syrian: Hymns on Paradise*, 49-57; 이수민, 『마르 에프렘의 낙원의 찬가』, 83-86을 보라.

지상의 낙원: 아프라하트와 에프렘의 내세관의 이해

> 그리하여 정원의 문이 열릴 때,
> 몸들과 영혼들이 호산나를 노래하리.
> 복되도다, 아담을 [셔올에서] 올리시고
> 많은 이들과 함께 [낙원에] 들게 하신 분!　　(『낙원의 찬가』 8,11)

의인들의 영혼은 낙원의 주변부에 머무른다. 이들은 낙원을 느낄 수 있는가? 에프렘은 이에 대해 언급하지 않는다. 다만 에프렘이 낙원의 주변부에서 불완전하게나마 낙원을 보고 느낄 수 있었던 것처럼, 이들 역시 낙원에서 자신들이 받을 보상을 간접적으로나마 경험할 수 있었을 것이다. 이는 아프라하트가 의인들의 죽음을 '상을 기다리는 종'의 달콤한 잠에 비유한 것과 비슷하다.[32] 하지만 그들이 받을 보상은 부활의 날까지 유예된다. 이유는 그들에게 아직 몸이 없고 그러므로 '불완전한 상태'이기 때문이다.

의인들의 영혼의 사후 행방과 관련하여 『낙원의 찬가』와 『니시비스 찬가』 사이의 상충되는 내용은 아마도 두 작품이 서로 다른 시간대를 다루고 있기 때문일 것이다. 『낙원의 찬가』 8,10에서 그리스도는 셔올에 들어가 아담을 찾아냈고, 그를 셔올에서 나오게 하여 낙원으로 인도한다. 『니시비스 찬가』 65편에서도 같은 내용이 언급된다.[33] 곧, 아담은 그리스도 등장 이전까지는 셔올에 있었지만 그 이후에는 낙원의 주변부로 이동한다. 『주님 탄생의 찬가』 13,2에서는 셔올에 있으면서 '복된 아기' 그리스도가 자신을 구하러 온 것을 보고 기뻐하는 하와의 모습이 그려진다. 벡은 이 장면이 『낙원의 찬가』에서 제시하는

32　Dal Santo, *Debating the Saints' Cult in the Age of Gregory the Great*, 251과 같은 페이지의 n.55에서도 비슷한 견해를 제시한다.

33　65편 후렴구: "찬미받으소서, 아담의 뒤를 따라 [셔올로] 내려와 몸을 던지시고, 그를 [그곳에서] 끌어내어 낙원으로 인도하신 분!" 해당 본문은 Beck, *Des Heiligen Ephraem des Syrers: Carmian Nisibena*, 102를 보라.

'의인의 영혼이 낙원의 주변부에 있다'는 그림과 상충된다고 보는 듯하지만,[34] 하와의 반응 역시 그리스도가 십자가 죽음 이후 셔올에 왔을 때의 상황을 그리고 있다고 이해하는 것이 더 합리적일 듯하다.[35] 다시 말하면, 의인들의 영혼은 그리스도 이전까지는 셔올에 있었고, 그 이후에는 셔올이 아니라 낙원의 주변부에서 머무르며 부활을 기다리게 된다.

이와 함께 에프렘은 십자가 위에서 회개한 강도의 이야기를 담은 루카 23,39-43에 의문을 표시한다. 그는 이 이야기를 통해 죄인의 구원이 가능하다는 사실을 확신하고 안도하지만(『낙원의 찬가』 8,1), 동시에 몸이 없는 강도의 영혼이 '어떻게' 천국에 들 수 있는가에 의문을 표시한다. 몸은 영혼의 '감각'을 위한 도구이며 영혼은 몸 안에 머무르고 몸이 죽으면 함께 죽기 때문이다 (8,3).[36] 강도에게 주어진 예수님의 약속은 어떻게 이해해야 하는가? 『낙원의 찬가』는 이에 대한 대답을 명확하게 제시하지 않는다. 다만 8편에서 말하는 것은, 에프렘은 부활의 날까지 영혼이 몸을 기다린다는 입장을 견지할 따름이다.[37] 부활의 날이 되어 몸과 영혼이 다시 만난 후에야 의인은 '온전한 상태'로 완성되어 낙원에 들어갈 수 있다.

---

34 Buck, "Sapiential Theōsis: A New Reading of Ephrem the Syrian's Hymns on Paradise", 102.

35 그리스도가 자신을 구하러 왔음에 기뻐하는 하와의 말은 시점이 십자가 죽음 직후라고 짐작해 볼 수 있게 한다(해당 본문은 McVey, *Ephrem the Syrian: Hymns*, 137). 또 에프렘이 하와를 그리스도가 셔올에 내려갔을 때 아담과 함께 구원받지 못한 '의인이 아닌' 존재로 보았을 가능성도 적다.

36 8,3 "강도의 경우, 나는 의문에 사로잡혔네.
만일 영혼이 보고 들을 수 있다면, 몸 없이,
어째서 [영혼]은 [몸] 안에 붙잡혀 있을까?
또 그것이 [몸] 없이도 살 수 있다면, 어째서 [몸] 안에서 죽임을 당할까?"

37 Dal Santo, *Debating the Saints' Cult in the Age of Gregory the Great*, 250.

> 8,7 그 축복받은 거처에는 부족한 것이 없으니
> 그곳은 모든 것이 충만하고 온전하네.
> 영혼은 홀로 그곳에 들어갈 수 없으니
> 느낌(오관)과 앎의 모든 것이 부족하리라.
> 부활의 날에 몸은 온전한 오관으로
> 완성되어 낙원에 들어가리라. (『낙원의 찬가』 8,7)

하지만 영혼과 결합하여 낙원에 들어갈 몸은 그 영혼이 지상에서 살았을 때 입고 있던 바로 그 몸은 아니다. 에프렘은 부활 이후의 영적 변모를 상정한다. 이 영적 변모는 필수적인데 이는 낙원의 영적인 성격 때문이다. 불완전한 몸은 영적인 낙원을 향유할 수 없다. 그러므로 부활 이후 영혼은 '영적인 몸'과 더불어 낙원으로 들어가야 한다. 이 영적인 몸 덕분에 영혼은 감각을 가질 수 있지만, 이 감각 역시 지상에서 몸이 가진 감각과는 다르다. 영적으로 변화한 몸은 지상의 몸보다 우월하고 훨씬 섬세하다(『낙원의 찬가』 5,8). 에프렘의 생각은 아프라하트가 말하는 '영적 변모'와 비슷하다. 다만 아프라하트가 이 과정을 자세하게 묘사한 데 반해,[38] 에프렘은 간단하게 그 차이를 언급할 뿐이다.

의인들의 영혼은 낙원 주변에 머무르지만, 의인이 아닌 이들의 영혼은 여전히 셔올에 남아 있어야 한다. 이는 에프렘이 '하느님께서 의인들에게는 에덴에서 자비를 베푸시고, 셔올에서 그들을 미워하신다'라고 말한 구절에서 엿볼 수 있다. 『낙원의 찬가』에서 부활 이전 의인이 아닌 이들 또는 악인들의 영혼이 어디에 머무르는가를 언급한 구절은 이것뿐이다. 아마도 에프렘은 악인들의 운명에는 크게 관심을 두지 않았던 듯한데, 이는 그의 구원론에 따르면 '영원한 악인'과 악인에게 주어지는 '영원한 형벌'은 없기 때문이다. 이에 대해

---

38 위의 2.2 항목 참조.

서는 아래 3.3에서 자세히 다룬다.

    마지막으로 죽은 이의 몸은 어떻게 되는가? 앞서 아프라하트가 몸은 땅에 묻혀 삭아 없어진다고 말한 반면, 에프렘은 뼈는 셔올에 있다고 언급한다. 『동정의 찬가』 36,10은 의인의 뼈가 여전히 셔올에 남아 있으리라고 말하는데, 이를 통해 죽은 이들은 영혼과 뼈 모두 셔올로 이동하고, 그리스도의 죽음 이후에는 의인의 영혼만이 낙원 주변으로 옮겨졌으리라고 추정할 수 있다.[39] 다만 시간이 지나면 뼈를 비롯해 시신 전체가 삭아 없어진다는 사실은 자연 현상으로 누구나 다 알고 있을 뿐만 아니라, 이미 에제키엘의 환시를 비롯하여 구약성경에서도 분명하게 언급되므로 뼈 자체가 셔올에 남아 있다고 이해하는 것은 무리가 있어 보인다. 아무튼 에프렘은 이 문제에 대해 자세하게 언급하지 않는다.

3.2. 부활과 심판

부활 이후에는 어떤 일이 일어나는가? 에프렘은 부활이나 심판을 자세하게 다루지는 않으며, 이에 대해 언급할 때도 상당히 모호한 태도를 취한다.[40] 우리는 이에 관해 『낙원의 찬가』와 부활 이후 상황을 그리는 『푸블리우스에게 보낸 편지』(*Letter to Publius*, 이하 LP)를[41] 통해 짐작해 볼 수 있다.

---

39 Buck, "Sapiential Theōsis: A New Reading of Ephrem the Syrian's Hymns on Paradise", 102.

40 Den Biesen, "The Irresistible Love of God: Two Syrian Church Fathers on Universal Salvation in Christ", 440.

41 『푸블리우스에게 보낸 편지』의 경우, 이 연구에서는 브록의 *Singer of the Word of God*, 163-202에 포함된 영어 번역을 이용하였다. 이 작품은 에프렘의 진본으로 여겨지며, 라틴어식 이름이 등장한 것으로 보아 에프렘의 생애 말기, 그가 니시비스를 떠나 에데사에서 살았을 때 저술된 것으로 추정된다(Brock, *Singer of the Word of God*, 163-164).

『푸블리우스에게 보낸 편지』에 따르면, 성경은 마치 '거울처럼' 보는 이의 내면을 반영할 뿐만 아니라, 앞으로 있을 모든 일들, 곧 부활 이후 상벌 역시 그 안에 담고 있다.[42] 그는 성경 본문들, 특히 마지막 심판과 관련된 복음서의 비유들을 인용하며 부활 이후의 상황을 다음과 같이 묘사한다: 부활 이후 그리스도는 의인들과 악인들을 각각 오른쪽과 왼쪽에 세운 다음 이들에 대한 심판을 내린다(마태 25,31-45 참조). 이때, 악인들의 행실은 그들을 고발하고, 의인들의 행실은 그들을 변호한다(LP 8-9). 의인들의 경우 자신들이 한 좋은 일들, 곧 목마른 이에게 물을 주고 벌거벗은 이를 덮어 주며, 감옥에 갇힌 이를 찾아가고, 낯선 이를 맞아들이며 병을 앓고 있는 이들을 방문한 것 덕분에 왕국을 상속받는다. 이들은 자신들의 선행을 인지하지도 못하지만, 이들이 한 좋은 일들은 그들의 지체에 새겨지고 좋은 나무에 달린 열매처럼 그들에게 달려 있으면서 이들의 선행들을 증거한다(LP 8). 에프렘은 선행의 중요성을 강조한다. 정결을 지키지 못했지만 선행을 행한 이는 선행이 정결의 자리를 차지하지만, 정결을 행하면서도 선행을 행하지 않은 이는 그리스도로부터 거절당한다(LP 15). 악인들은 '게헨나' 또는 '셔올'에서 고통을 겪는다. 게헨나의 모습은 성경 안에 비추어지는데, 그곳은 '바깥 어둠, 울음, 신음과 이갈음'이[43] 있는 곳이다(LP 3). 또 부자와 라자로의 비유를 인용하며 그는 부자가 '셔올'에 있다고 말하는데, 앞서 『낙원의 찬가』에서 언급된 것처럼, 그는 아무런 도움도 얻

---

42 이 작품에서 에프렘은 성경을 '거울'의 이미지로 표현하며, 이 거울 안에 아담이 창조부터 세상의 종말 이후에 이르기까지 모든 시간대에 일어날 일들이 모두 담겨 있다고 말한다: "이것이 바로 내가 이 항변하는 살아 있는 거울을 통해 본 것입니다. 그 안에는 아담에서부터 세상의 끝에 이르기까지, 그리고 부활에서 정의로운 심판의 날에 이르기까지 사람들의 모든 행실의 모습이 움직이고 있습니다. 그리고 내가 그 [거울] 안으로부터 들을 수 있었던 복된 소리를, 나는 이 편지에 담아 그대에게 써 보냅니다, 나의 사랑하는 형제여"(LP 25).
43 마태 22,13; 25,30 참조.

지 못한다. 부자는 아브라함에게 라자로를 보내어 자기의 갈증을 식혀 달라고 부탁하지만, 아브라함은 그것이 불가능하다는 대답을 보낸다(LP 4).[44] 부자 이외에도 셔올에는 지상에서 영광과 즐거움을 누렸던 임금들, 고관들, 장수들이 있는데, 이들 역시 이곳에서 고통을 겪는다. 이들의 눈을 낙원에서 안식을 누리는 이들을 바라보며 부러워한다(LP 19-21).

『낙원의 찬가』는 심판 자체는 언급하지 않지만, 부활 이후의 상벌에 대한 보다 구체적인 그림을 제시한다. 에프렘이 앞서 『푸블리우스의 편지』에서 성경이 미래의 사건을 거울처럼 '비추고' 있다고 언급한 것과 비슷하게, 그는 이 작품에서도 성경, 특히 창세기를 바탕으로[45] 태초의 낙원과 의인들이 부활 이후 들어갈 '미래의 낙원'의 아름다움을 그린다. 이때 그는 자신이 낙원의 문 앞에서 낙원의 아름다움을 관조하는 것처럼 묘사하는데, 이 사건은 바로 창세기를 읽을 때 일어난다. 하지만 이는 육적 눈이 아니라 영적 눈을 통해 성경을 읽을 때라야 창세기에 담긴 낙원의 묘사의 진정한 의미를 이해할 수 있다(『낙원의 찬가』 5,3-5; 6,2). 다시 말하면 에프렘은 창세기의 낙원 이야기와 성경에 담긴 내세와 관련된 구절들을 '영적으로' 해석하며 자신의 내세관을 제시한다.

『낙원의 찬가』에 따르면, 의인들은 부활 이후 문이신 그리스도를 통하여 (2,1-2) 이곳으로 들어가는데, 그곳에서 자신들이 생전에 한 일들에 따라 보상을 '차등적으로' 지급받는다. 이들이 머무르는 공간은 모두 다르며, 훌륭한 이들일수록 낙원의 높은 곳에 머무른다. 또 이들 각각은 장막을 지니는데, 이 장막은 사람마다 모두 다르다.[46] 악인의 경우에는 "게헨나"로 보내어진다.[47] 이때

---

44 루카 16,26 이하.

45 Buck, "Sapiential Theōsis: A New Reading of Ephrem the Syrian's Hymns on Paradise", 82-83 참조.

46 『낙원의 찬가』 5,6 "… 사람의 노고에 따라 그의 장막도 다르니 / 어떤 것은 장식이 거의 없

부자와 라자로의 비유는 이들의 운명에 대한 주요 근거로 사용된다.

1,12 낙원의 높은 곳에는 빛의 자녀들이 살고 있네.
그들은 구렁 너머의 부자를 바라보고,
[부자] 역시 자기 눈을 들어 라자로를 보네.
그는 아브라함을 부르네, 자기에게 자비를 베풀어 달라고.
하지만 소돔을 가엾이 여겼던 자비심 많은 아브라함도,
그곳에서는 자비를 베풀지 않은 그자에게 자비를 베풀지 못하네.

13 구렁은 매개체가 될 수 있는[48] 사랑을 단절해 버리네,
의인들의 사랑이 악인들과 연결되지 않고,
그리하여 선한 이들이 게헨나를 들여다보며,
그들의 자녀들과 형제들과 가족들을 보며 괴로워하지 않도록.
신앙을 부정한 어머니는 자비를 청하네,
[그리스도교]의 가르침 때문에 박해받은
자기의 아들에게, 딸에게, 여종에게.

14 그곳에서 박해받은 이들은 박해자들을 비웃고,
고문당한 이들은 형리들을, 살해된 이들은 살해자들을,
예언자들은 돌을 던진 자들을, 사도들은 십자가에 못 박은 자들을 [비웃네].
빛의 자녀들은 높은 곳에 살면서
악인들을 바라보고 그들이 한 일들을 헤아리네.

고 어떤 것은 아름다움으로 빛나네 / 어떤 것은 색깔이 침침하고 어떤 것은 영광 속에 찬란하네."

47 『성경』(CBCK)은 '게헨나'를 "지옥"으로 옮기지만(마태 23,15 참조), 에프렘이 말하는 '게헨나'는 오늘날 통용되는 지옥의 개념과 약간 다르므로, 여기에서는 '게헨나'로 음차한다.

48 직역하면, "중간에 있는."

그리고 경악하네, 저들이 얼마나 죄를 지어 자기 자신들의 희망을 앗아갔는지. (『낙원의 찬가』 1,12-14)

아프라하트의 경우와 달리 에프렘은 부자와 라자로의 비유를 인용할 때 부자가 자비를 베풀어 고통을 덜어 달라고 애원한 사실만 인용할 뿐, 그가 자기 집으로 라자로를 보내달라고 부탁하고 아브라함이 이를 거절한 부분(루카 16,27-31)은 언급하지 않는다. 에프렘은 유예된 상벌이라는 자신의 내세관에 맞추어 해당 구절을 의도적으로 인용하지 않은 듯하다. 위 본문에서는 이미 의인들이 낙원에 들어갔다고 언급하고 있으므로, 부활 이후의 상황이라고 보아야 할 것이다.[49] 아브라함은 낙원에서 구렁 너머의 게헨나에서 고통을 받고 있는 부자를 보고, 부자 역시 라자로를 본다. 하지만 악인들은 의인들을 알아보지만, 의인들은 악인들을 알아보지 못한다. 이들은 그저 악인들이 고통받는 것을 볼 뿐이다.[50] 이때 의인들의 사랑은 악인들에게 닿지 못한다. 이들에게 닿을 수 있는 것은 오직 하느님의 사랑뿐이다.[51]

의인들이라고 불릴 정도로 선하지는 않지만 악인들로 여겨지기에는 선한 이들이 있다. 바로 "모르고 죄를 범하는" 자들로 이들에게는 용서받을 여지가 남아 있다. 이들에게는 제3의 장소가 주어진다. 앞서 아프라하트가 의인들과 죄인들 이외에 가벼운 죄를 지은 이들은 죽은 후에도 자기들 죄에 대한 일깨움을 받은 후에 하늘나라에 들어갈 수 있다고 말한 것처럼, 에프렘도 이들에게 구원의 기회를 제공한다. 에프렘은 이 부류에 속한 사람들도 '불완전하게

---

[49] Dal Santo, *Debating the Saints' Cult in the Age of Gregory the Great*, 249-250.
[50] 의인들이 악인들을 볼 수는 있지만 각각을 알아보지 못하는 것은 이들이 생전에 사랑했던 이들의 고통을 보며 낙원에서 행복을 누릴 수는 없기 때문일 것이다. Dal Santo, *Debating the Saints' Cult in the Age of Gregory the Great*, 248.
[51] 이에 대해서는 아래에서 3.3에서 좀더 자세하게 다루겠다.

나마' 천국을 향유할 수 있다고 말한다. 다만 무지가 모든 것을 정당화하지는 않는다. 이 죄인들은 마땅히 대가를 치러야 한다.[52] 이들은 적절한 벌을 받은 후에 낙원의 울타리에 머무르게 된다.

1,16 내가 한 이 [말들]이 나의 대담함에 충분하기를 바라네.
　　만일 누군가 감히 계속해서 말해야 한다면,
　　"서투른 이들과 무지한 이들, 곧 무지로 인해 잘못을 저지른 이들이
　　훈육을 받아 [자신이 한 일의] 대가를 치르고 나면,[53]
　　선하신 분께서는 그들을 낙원의 경계에 살게 하시리니,
　　그들은 그 풀밭에서 축복받은 부스러기로 풀을 뜯으리라. (『낙원의 찬가』 1,16)

또 낙원에 들어가기에는 부족하지만 벌을 받을 필요까지는 없는 이들도 있다. 이들 역시 낙원 주변부에 머무르게 된다. 에프렘은 자기 자신을 그 부류로 구분한다. 그는 낙원의 아름다움을 바라본 후 이곳에 들기를 갈망하면서도 자기 자신이 낙원에 들 자격이 있는가를 끊임없이 의심스러워한다. 그는 낙원을 허락해 달라고 간청하면서도, 그게 불가능하다면 적어도 그곳의 주변부에라도 머물며, 낙원의 "부스러기"라도 먹게 해달라고 청한다. 이는 5편의 15장과 7편의 24-29장에서 잘 드러난다.

5,15 낙원의 주님, 나를 불쌍히 여기소서.
　　만일 내가 당신의 낙원에 들어갈 방도가 없다면,
　　내가 [낙원]의 울타리에 있는 바깥 목초지에라도 [머무르기에] 합당하게 하소서.

52　이 벌에 대해서는 아래에서 '게헨나'와 함께 다룬다.
53　"대가를 치르고 나면"을 직역하면, "빚을 갚고 나면."

[낙원]의 안에는 성실한 이들의 식탁이 차려지게 하시고,

그 울타리 안의 열매들은 부스러기처럼 바깥으로,

죄인들을 위해 떨어지게 하소서, 그러면 그들이 당신의 은총으로 살리다.

7,24 나의 형제들이여, 나는 그곳을 보며 앉아서 나 자신과

나 같은 사람들을 두고 울었노라, 내 일생은 어찌 이같이 끝났는가!

한 [순간] 한 [순간] 자취를 감추고 사라져 내가 알아차리기도 전에 없어졌는가?[54]

후회가 나를 사로잡았네, 화관과 명성, 영광,

긴옷, 빛의 신방, 행복하여라,

왕국의 식탁을 [받기에] 합당한 사람!

25 모든 빛의 자녀들이여, 그곳에서 나를 위해 탄원해 주오,

우리 주님께서 한 영혼을 그대들에게[55] 선물로 내려 주시기를.

이는 내가 그분께 찬미를 드릴 새로운 계기가 되리.

그분께서는 당신 손길을 어떤 방법으로든 내미시며,

정의 안에서 주시고 은총 안에서 주시네.[56]

당신 자비의 보고에서 저에게 자비를 베풀어 주소서!

26 만일 혐오스러운 자는 그 장소에 들어갈 수 없다면,

내가 [낙원]의 울타리에라도 합당하게 하소서, 내가 그 그늘에서 살리라.

낙원은 식탁의 예형이니,

---

54 "없어졌는가?"를 직역하면 "도둑맞고 말았는가?"
55 직역하면, "그들에게." '그들'은 빛의 자녀들을 가리킨다.
56 "정의"와 "은총"은 모두 하느님의 속성이면서도 죄인을 향한 심판과 구원이라는 맥락에서는 늘 대립되는 특성을 지닌 것으로 이해된다. 아래 4.1을 보라.

그 바깥에 떨어지는 [낙원의] 열매들을

은총 속에서 내가 먹게 하소서, 그리하면 개들이 자기들 주인의 [식탁으로부터 떨어지는] 부스러기들로 배를 채운다는 말씀이 나를 두고 이루어지리라.

27 나는 배우리, 부자의 비유로부터 내가 얼마나 [교훈을] 얻을 수 있는지.

그는 자기 식탁에서 떨어지는 것을 가난한 이에게 주지 않았네.

나는 라자로를 보네, 그가 낙원에서 풀을 뜯는 것을

또 나는 부자를 바라보네, 그가 얼마나 고초를 겪고 있는지.

바깥에서는 정의의 힘이 나를 두렵게 하고,

안에서는 은총의 미풍이 나를 위로하네.

28 그 정원의 울타리에 내가 머무르게 하소서, 그러면 나는

안에 있는 이들의 이웃이 되고, 바깥에 있는 이들은 나를 부러워하리라.

누가 기쁨과 고통을 함께 볼 수 있으랴?

또 누가 게헨나와 정원을 동시에 바라볼 수 있으랴?

안에 있는 이들의 화관은 내가 얼마나 죄를 많이 지었는지 책망하고,

바깥에 있는 이들의 벌은 당신께서 나에게 얼마나 자비를 베푸셨는지를 가르쳐 주리.

29 누가 양쪽을 보며 버틸 수 있으랴?

또 누가[57] 천둥같은 [악인들]의 목소리를 견디어내랴?

악인들은 게헨나에서 정의로우신 분이 옳다고 외치고,

의인들은 정원에서 그분께 찬미를 드리네.

양쪽에 있는 이들은 서로를 바라보며 놀라워하고,

한쪽이 한 일들은 다른 쪽에게 훈계로 드러나네.

---

57 "누가"를 직역하면, "누구의 귀가."

5,15와 7,24-29에서 에프렘은 자신이 낙원에 들어가기에는 부족함을 느끼고 지난날의 잘못을 반성한다. 그가 아쉬워하는 화관, 신방, 긴옷, 영광, 명성, 왕국의 식탁 등은 모두 낙원의 표상이다. 그는 낙원에 들어가고자 하느님께 간청하고 또 빛의 아들들, 곧 이미 낙원에 들어간 이들에게도 전구를 청한다. 하지만 그럼에도 그에게 낙원이 허락되지 않는다면, 낙원의 울타리에서라도 머무르게 해달라고 기도한다. 이곳에 머무르는 사람들은 적어도 왕국의 식탁에서 떨어지는 "부스러기"로 배를 채울 수 있다. 에프렘은 성경에서 등장하는 "부스러기"와 관련된 두 비유, 곧 가나안 여인의 믿음을 이야기하는 마태 15,21-28과 부자와 라자로의 비유를 담은 루카 16,19-31을 "부스러기"를 중심으로 하나로 묶어 해석한다. 식탁에서 떨어지는 "부스러기"를 청한 여인은 바라던 바를 이루었다. 반면 라자로는 부자의 식탁에서 떨어지는 음식 부스러기라도 얻어먹기를 바랐지만 부자는 그것을 주지 않았고, 결과적으로 그는 "게헨나"의 불 속에서 고통을 겪는다. 하지만 하느님의 자비로 낙원 주변부에 머무르는 이들은 마태 15,27의 가나안 여인처럼 낙원 울타리 너머로 떨어지는 열매들, 곧 낙원의 부스러기를 먹으며 감사를 드린다.[58]

비슷한 생각이 10,14에서도 드러나는데, 여기서 에프렘은 이 장소를 '정원과 불 사이'로 표현한다. 이곳에 있는 이들은 하느님의 자비를 입어 '낙원의 주변'에 머무를 수 있다.

---

58 브록은 이 본문을 두고, 사실 낙원의 울타리 바깥쪽은 실제 낙원의 가장 아랫부분이라고 해석한다. 그는 페쉬타 에페 2,14과 다른 본문들을 들어 이미 낙원의 울타리는 그리스도에 의해 무너졌고, 이들이 머무르는 지역까지도 이제 낙원이라고 볼 수 있다고 해석했다 (Brock, *St. Ephrem the Syrian: Hymns on Paradise*, 57, 62-66.). 하지만 에프렘은 계속해서 '낙원의 울타리'를 언급한다. 이 지역이 낙원의 아래쪽 영역이든 낙원의 경계 부분이든 상관없이, 어쨌든 의인은 못 되는 이들도 이곳에서 낙원의 아름다움을 향유할 수 있다.

10,14 행복하여라, 그 장소에서 자비를 입은 죄인!
그는 낙원의 주위에 머무르는 것이 합당한 이라네.
비록 [낙원의] 바깥일지라도 그는 은총 속에서 풀을 뜯을 수 있으리.
나는 곰곰이 생각하고 다시 두려워하였네,
정원과 불 사이에서 자비를 입은 이들이 훈육을 받고서 용서받을 수도[59]
있다는 생각을 내가 감히 하였기 때문이로다.

3.3. 게헨나 또는 연옥

앞서 우리는 에프렘이 악인들은 '게헨나'로 보내어진다고 이야기한 본문을 살펴보았다. 그렇다면 악인들에게는 구원의 여지가 없는가? 아프라하트가 이 문제에 대해 상당히 단호한 태도를 보인 것과 달리, 에프렘은 상당히 유화적인 대답을 제시한다. 에프렘은 '게헨나'의 악인이 여전히 하느님의 사랑 아래 머무르고 있다고 묘사한다. 이는 이곳에 갇힌 죄인들에게 베푸시는 하느님의 자비를 그리는 10,15에서 잘 드러난다.[60]

10,15 당신 은총으로 다스리시는 정의로우신 분께서는 찬미받으소서!
선하신 분께서는 그분의 한계를 절대 줄이지 않으시니,
악인들에게도 그분의 날개를 펼치시네.
그분의 구름은 그분의 재물들 위를 감돌고,
그 불 위에도 그분의 자비로부터 물방울을 뿌리시니,
그것은 쓰라린 사람에게 시원한 이슬을 맛보게 하리라.

---

59 "용서받을 수도" 대신 "버림받을 수도"로 옮길 수도 있다.
60 『낙원의 찬가』 1,16-17 역시 이를 암시한다.

위 본문은 앞서 말한 대로 의인들과 악인들이 머무르는 낙원과 게헨나 사이에 간극이 존재하고 있다는 사실을 전제로 한다. 인간은 이 간극을 넘지 못한다. 예외가 있다면 하느님의 자비다. 에프렘은 하느님의 자비가 악인에게도 닿는다고 말한다. 그분의 자비에는 한계가 없기 때문이다. 여기서 '재물들로' 번역한 시리아어는 소유물로도 옮길 수도 있고, 목축의 맥락에서는 누군가의 '양떼'를 가리키기도 한다. 다시 말하면 게헨나의 악인들 역시 하느님의 재물로서 그분께 속해 있다. 그분의 자비는 이들에게도 그치지 않고, 그분께서는 그들 위로 비가 내리게 하시어 이들의 괴로움을 덜어 주신다. 또 에프렘은 무지 때문에 죄를 지은 어리석고 이해가 부족한 이들이 "속죄하고 빚을 갚은 후"에 낙원의 울타리에 머무를 수 있다고 말하는데(1,16), 이들이 벌을 받는 과정 역시 게헨나에서 이루어진다고 볼 수 있을 것이다.

덴 비센(Den Biesen)은 위에서 언급되는 게헨나와 관련된 에프렘의 본문은 가톨릭 교회에서 언급되는 '연옥'과 비슷하다는 점을 지적한다. 이는 그의 에프렘 이해에 근거하고 있다. 그의 주장을 요약하면 다음과 같다. 우선 비센은 에프렘의 여러 작품들을 근거로 에프렘이 '만인구원설'을 표방하고 있다고 주장한다. 곧, 에프렘이 악인들도 마지막에는 결국 구원받을 것이라고 보았다는 것이다.[61] 또 그는 에프렘이 셔올과 게헨나를 엄격하게 구분한다고 말하며,[62] 게헨나의 목적은 부활 이후 심판을 거친 악인들이 낙원에 들어가기 전에 '미래에 있을 일시적인' 벌을 받기 위한 것이라고 분석한다.[63] 그리고 이 벌은 물

---

61 Den Biesen, "The Irresistible Love of God: Two Syrian Church Fathers on Universal Salvation in Christ", 438-440.

62 Den Biesen, "The Irresistible Love of God: Two Syrian Church Fathers on Universal Salvation in Christ", 440. 다만 『푸블리우스에게 보낸 편지』에서 부자는 셔올에 있다고 언급되는 점을 고려하면(LP 4), 아프라하트와 마찬가지로 에프렘은 셔올과 게헨나를 경우에 따라서는 혼용한 듯하다.

리적인 것이라기보다는 죄책감과 같은 심리상태로 이해했다. 그는 『푸블리우스에게 보낸 편지』 22장과 에프렘의 『조화복음 주해』 등을 근거로 삼는다.[64] 비센은 자신의 연구에서 『낙원의 찬가』를 이용하지 않았지만, 에프렘의 게헨나에 대한 그의 분석은 위의 본문과도 조화를 이룬다. 벅 역시 에프렘이 일종의 연옥의 개념을 생각했다고 여기며 그 장소가 바로 '불과 낙원 사이'라고 보았다.[65] 앞서 『낙원의 찬가』 10,14에서 에프렘이 이곳에 머무르는 사람이 벌을 받을지 걱정하므로, 이 구역이 정화장소에 해당된다고 볼 수도 있다. 하지만 다른 본문에서 '속죄를 마친 죄인'들이나 의인이 되기에는 부족한 이들이 이곳에 머무르리라고 말한다는 점도 염두에 두어야 한다.

요약하면, 에프렘은 전통적인 셈계 내세관을 바탕으로 이를 좀 더 정교하게 발전시켜 자신의 고유한 내세관을 만들어냈다. 그의 내세관은 ① 마지막 날이 오기까지 의인들을 위한 보상과 악인들에게 주어질 벌이 유예된다는 것 ② 몸 없이 영혼은 감각을 잃어버리지만, 그럼에도 불구하고 의인들과 악인들이 불완전하게나마 상벌을 인지할 수 있다고 보았다는 점 ③ 부활 이후 '영적으로 변모한' 몸과 함께 영혼이 낙원에 들어가리라고 말한 점 ④ 의인들이 받게 될 '차등적 보상'을 이야기한다는 점에서 아프라하트의 내세관과 유사하다. 하지만 구원론적 측면에서 이들은 상당한 차이를 보인다. 아프라하트 역시 '약한 죄를 지은 이들'의 구원 가능성을 말하지만, 에프렘은 죄의 경중과 상관없이 모든 이의 구원이 가능하다고 보았고, 이를 위해 게헨나를 영원한 지옥

---

63 Den Biesen, "The Irresistible Love of God: Two Syrian Church Fathers on Universal Salvation in Christ", 442.

64 Den Biesen, "The Irresistible Love of God: Two Syrian Church Fathers on Universal Salvation in Christ", 440-441.

65 Buck, "Sapiential Theōsis: A New Reading of Ephrem the Syrian's Hymns on Paradise", 118.

이 아니라 사후 영혼의 정화를 위한 장소로 해석했다.[66]

4. 추가 의문들

4장으로 넘어가기 전에 다음의 두 가지를 언급하고자 한다. 이는 에프렘과 아프라하트의 내세관의 이해를 돕는 요소들이지만 이 연구의 방향성과는 달라 다루지 않는다. 다만 이 의문들은 셈계 전통의 '영혼의 잠'과 더불어 아프라하트와 에프렘의 내세관 형성에 영향을 주었을 만한 요소들을 포함하고 있다.

4.1. 하느님의 정의와 하느님의 자비

아프라하트와 에프렘이 의인은 상을 받고 악인을 벌을 받는다는 단순한 도식을 넘어 '차등적인' 상벌의 개념을 강조하고 사후 영혼의 정화와 구원 가능성을 언급한 것은 상당히 흥미롭다. 이는 아마도 이들이 하느님의 두 속성인 자비와 정의를 구원과 사후 상벌의 개념에 맞추어 정의하려는 시도 때문일 것이다. 끝없는 하느님의 자비와 그분의 정의는 어떻게 조화를 이룰 수 있는가? 『논증들』과 『낙원의 찬가』에서 '은총'으로 대표되는 하느님의 자비와 그분의 정의 사이의 긴장은 자주 발견된다. 아프라하트는 은총과 정의가 모두 하느님으

---

66 벅은 이를 에프렘 자신의 "혁신"으로 보았다. Buck, "Sapiential Theōsis: A New Reading of Ephrem the Syrian's Hymns on Paradise", 118. 에프렘은 영혼의 사후 정화 개념과 만인구원설을 이야기한 최초의 시리아 저자로 추정된다. 다만, 이것이 에프렘 고유의 생각인지, 아니면 동시대 다른 저자들의 영향을 받았는지는 알 수 없다.

로부터 오는 것이지만 양립할 수 없다고 보았다. 그는 은총이 지배할 때는 정의가 무력하고, 정의의 시간이 오면 은총은 배제된다고 강조한다. 은총과 정의의 시간이 뒤바뀌는 순간은 사람이 죽음을 맞을 때, 그리고 세상이 끝나고 모든 이들이 부활할 때다(VII:27; VIII:20). 다시 말하면 그분의 은총과 자비는 산 이들을 위한 것이고, 그분의 정의는 죽은 이들을 위한 것이다. 에프렘 역시 악인에게 주어지는 벌은 하느님의 정의를, 의인들에게 주어지는 낙원은 그분의 은총을 드러낸다고 보았다(『낙원의 찬가』 7,27). 사실 하느님의 정의와 은총 사이의 긴장은 초기 그리스도교 시기부터 오늘날에 이르기까지 수많은 작품들 안에서 다루어졌으며, 아프라하트와 에프렘 이전의 랍비 문헌들과 에즈라 4서와 같은 구약 외경 문헌에서도 이미 찾아볼 수 있다.[67] 아프라하트와 에프렘은 기존 유다교 신학 전통의 영향 안에서 활동하면서도 이를 자신의 그리스도교적 관점에 맞추어 자유로이 인용했다. 아프라하트는 자비롭고 정의로우신 하느님의 모습을 그리면서 동시에 사목자로서 그리스도인들을 바르게 이끌려는 의도에서 영혼이 받게 될 차등적 상벌과 사후 영혼의 구원 가능성을 제시했을 것이다. 에프렘은 한발 더 나아가 하느님의 자비를 강조하며, 그분의 자비는 한계가 없고 심지어 죽은 이들까지도 포용한다고 말한다. 하느님의 은총과 정의를 조화시키려는 유다인들의 시도가 시리아 저자들에게 어떻게 이어지는가는 상당히 흥미로운 주제지만 이 연구에서는 다루지 않는다.

4.2. 아프라하트, 에프렘, 구약 외경 문헌들

위에서 언급한 아프라하트와 에프렘의 내세관의 요소들은 상당 부분 구약 외

67　Ginzberg, *Jewish Encyclopedia*, vol. 1, 663-665 (여기에서는 Neusner, *Aphrahat and Judaism*, 150-151에서 재인용). 에즈라 4서의 해당 내용은 송혜경, 『구약 외경 2』, 83-115 참조.

경 문헌들에서도 찾아볼 수 있다. 외경 문헌들이 아프라하트와 에프렘에 준 영향에 관한 자세한 연구는 아직 이루어지지 않은 듯하며, 있다 해도 지나가듯 언급될 뿐이다. 예를 들면 '성전 이미지'와 관련하여 아프라하트와 바룩 2서 사이의 유사성은 야킨스(Jarkins)에 의해 지적된 바 있고,[68] 브룬스도 부활의 양상과 그 이후에 올 의인들과 악인들의 변화에 대한 바룩 2서와 에즈라 4서의 본문들과 아프라하트와의 관련 가능성을 제기했다.[69] 이 연구와 관련하여, 에프렘이 제시하는 낙원 앞 영혼의 대기실의 모습은 에즈라 4나 바룩 2서에서 제시하는 "영혼의 보고"와 상당히 유사하다. 이 문헌들에 따르면, 의인들의 영혼은 "영혼의 보고" 안에 모여 천사들의 보호를 받으며 안식을 누린다.[70] 아프라하트와 에프렘, 그리고 구약 외경 문헌들 사이의 관계는 상당히 흥미롭다. 이들이 당시 널리 읽히던 구약 외경 문헌들을 직접적으로 또는 간접적으로 접했을 가능성이 상당하지만, 이에 관해 명확하게 말하기 위해서는 좀 더 자세한 연구가 필요할 것이다.

5. 상태인가 공간인가: 낙원의 이해와 테오시스

앞서 우리는 아프라하트와 에프렘의 내세관을 살펴보았다. 그렇다면 이는 새로운 질문으로 이어진다. 에프렘과 아프라하트가 말하는 '낙원'과 '게헨나' 또

---

68 Jarkins, *Aphrahat the Persian Sage and the Temple of God*, 133-135.
69 Bruns, *Aphrahat: Unterweisungen I Aus dem Syrischen Übersetzt und Eingeleitet von Peter Bruns*, 69.
70 송혜경, 『구약 외경 2』, 72, 각주 148 참조. 『낙원의 찬가』에서 등장하는 '영혼의 대기실'과 에즈라 4서와 바룩 2서의 "영혼의 보고" 사이의 유사성에 대해서는 송혜경, 『구약 외경 2』, 72, 각주 148 참조.

지상의 낙원: 아프라하트와 에프렘의 내세관의 이해

는 '하늘나라'와 '셔울이나 고통스러운 공간'은 무엇을 의미하는가? 이는 즐거움을 누리거나 고통을 받는 '물리적이고 실체적'인 공간인가, 아니면 '존재상태'를 말하는 것인가? 게헨나에서 벌을 받는다는 말은 실제 불에 타는 것과 같은 물리적인 고통을 겪는다는 말인가, 아니면 어떤 종류의 '영적' 고난을 겪는다는 것인가? 게헨나의 경우, 앞서 에프렘의 작품들을 통해 그가 게헨나를 물리적 공간이라기보다는 영적·정신적 상태로 이해했다는 것을 살펴보았다. 만일 게헨나가 물리적인 실체가 아니라면 낙원 역시 마찬가지일 것이다. 그렇다면 낙원에 들어간다는 것은 무엇을 의미하는가?

『낙원의 찬가』를 연구한 학자들은 이 작품에서 그려지는 낙원의 모습을 문자적이고 물리적·물질적으로 이해할 수 없다는 사실에는 동의한다. 이들의 의견에 따르면, 에프렘이 묘사하는 낙원은 '형체를 갖추고 있지만, 영적인 장소이며, 물질적이지 않다.' 크론홀름은 에프렘이 이해하는 낙원의 모습을 다음과 같이 정의한다.

> 낙원의(paradisiacal) 세계는 그에게 있어, 지상적/육신적(corporeally)이지 않고, 영적으로 비물질적이지 않으며, 다만 특정 영적 요소들로 이루어져 있다. 이에 대응하는 상태(nature)를 부여받은 이는 이를 인식하고, 맛보고, 즐길 수 있다.[71]

또 낙원은 동시대의 그리스도교 작품들에서 종종 묘사되는 것처럼 우리가 사는 세상의 특정 지역에 자리 잡고 있는 것이 아닐 뿐만 아니라, 시간 역시 초월한 공간이다.[72] 다시 말하면, 에프렘의 묘사는 앞으로 일어날 어떤 실

---

71 Kronholm, *Motifs from Genesis 1-11 in the Genuine Hymns of Ephem the Syrian with Particualr Reference to the Influence of Jewish Exegetical Tradition*, 69. 그의 연구는 벡의 언급을 바탕으로 한 것이다. 같은 페이지의 n.78을 보라.

72 Brock, *St. Ephrem the Syrian: Hymns on Paradise*, 55. 제2성전 시기의 유다교 작품들과 그

체적 사건이나 실재하는 공간 등을 사실적으로 서술하지 않는다. 이 작품이 창세기를 배경으로 하고 있고, 또 현실 세계의 여러 이미지들을 차용해 쓰인 만큼 이 작품에 등장하는 묘사가 실제라고 느껴질 수는 있다. 하지만 그렇지 않다는 점은 낙원의 모습을 그리는『낙원의 찬가』11편에서 거듭 언급된다. 낙원의 묘사는 낙원의 실체를 그리기 위해서가 아니라 이를 읽고 듣는 이들의 이해를 돕기 위해서다. 영적인 것은 육적 눈에 보이지 않으니 육적인 것의 "이름들"을 '빌려' 묘사되어야 한다(11,5-8). 하지만 그 실체는 묘사를 위해 '빌린 것'과는 전혀 다르다. 낙원뿐만 아니라 낙원의 바깥에 위치한 구렁과 게헨나에 대한 묘사 역시 마찬가지다.

> 11,4 [낙원] 이야기를 듣는 이는 이를 평가하지 마세,[73]
> [낙원의] 이야기들은 결코 평가의 대상이 될 수 없으니.
> 이는 비록 그것의 이름들 때문에 지상[의 이야기]라고 여겨져도
> 그 의미는 영적이고 또 순결하기 때문이라네.
> 비록 '바람'이라는[74] 이름이 [둘 모두]에게 쓰인다 해도[75]
> 부정한 것은 거룩한 것으로부터 구분되리라.
>
> 11,8 연약한 눈들은 천상 아름다움의 광채를 바라볼 수 없으니,
> [낙원]은 자기 나무들을 우리 나무들의 이름으로 옷 입히네.

리스도교 작품들에서는 종종 '삼층 우주론'이 나타나는데, 이 삼층 우주론에서 하늘 나라는 궁창 위쪽에 있고, 셔울 또는 게헨나는 지하에 위치하는 것으로 그려진다.

73 직역하면, "그것의 이야기는 이를 듣는 이에게 평가되어서는 안 되네."
74 시리아어 '루하'는 영을 의미하며 동시에 숨결이나 바람을 가리키기도 한다. 하지만 '영'과 자연의 '숨결, 바람'은 구분된다.
75 직역하면, "비록 바람이라는 이름들이 그것들에 걸맞더라도."

> [낙원]의 무화과나무들은 우리 무화과나무들의 이름으로 불리고,
> [낙원의] 영적 나뭇잎들은 만져볼 수 있고 또 형체를 지니네.
> [낙원의] 옷들은 [우리의] 옷들과 비슷하게 보이도록 변형된 것이라네.

아프라하트의 경우, 『논증들』의 대부분이 예형과 상징으로 이루어져 있기는 하지만, 에프렘보다는 좀더 '덜 상징적으로', 직접적인 화법으로 서술된다. 하지만 아프라하트 역시 에프렘과 마찬가지로 하늘나라와 셔올을 장소적인 개념으로 이해하는 것을 두고 반대 의견을 표시했다. 그는 "의인들이 좋은 상급을 받을 장소"와 "악인들이 자기들이 한 짓에 대한 형벌로 고통을 받을 장소"가 어디냐고 묻는 이들을 "이해력이 부족한 자들"이라고 부르며 비판한다(XXII:24). 그는 사후 세계의 '장소'를 암시하는 듯한 여러 성경 구절들(민수 16,32-33; 마태 5,3; 루카 23,43; 1테살 4,7)과 마지막 날에 있을 세상의 해체를 말하는 구약성경의 구절들(이사 51,6; 욥 14,12)을 인용한 후 다음과 같이 말한다: "… 왜냐하면 하느님께서는 그분께서 하고자 하신다면 하늘에서 생명을 상속하실 권한이 있고, 그분께서 기꺼워하신다면 땅에서도 그렇게 하실 수 있기 때문입니다. … 그리고 하느님께서는 아담의 자손들을 위하여 새로운 [세상을] 만드실 것이고, 그들은 하늘나라에서 상속받을 것입니다. 만일 그분께서 이 세상에서 그들에게 유산을 주신다면, 그것은 하늘나라라고 불릴 것입니다. 또 하늘에서 [그렇게 하기를 원하신다면] 그분께서는 이 역시 쉬운 일입니다"(『죽음과 마지막 때에 관한 논증 XXII』 24). 이는 아프라하트가 하늘나라와 셔올을 공간적으로 이해하지 않고, '상태적'으로 이해했음을 보여 준다.

내세에 관한 에프렘과 아프라하트의 이러한 시각은 시리아 저자들의 '존재론적 구원론'이라는 측면에서 보다 쉽게 이해될 수 있다. 시리아 저자들은 '테오시스(Theosis) 곧, 신격화(神格化, deification) 또는 신성화(神聖化, divination)를 구원의 궁극적인 목표이자 구원의 완성이라고 보았다. '테오시스'는 그리스어로

하느님을 뜻하는 Theos와 상태를 의미하는 접미사 -osis가 결합한 합성어로, '하느님처럼 된다'라는 것을 의미한다. 그리스도교적 맥락에서는 피조물에 불과한 인간이 신적인 존재로 변화한다는 것이 아니라, 하느님과 '일치'를 이루는 상태로, 하느님처럼 되는 것, 곧 '신적 속성'을 지니게 된다는 것을 뜻한다. 테오시스의 정의는 6세기에 활동한 위-디오니수스(Pseudo-Dionyios)가 제시하지만, 사실 테오시스의 신학적 개념은 이레네우스 이래 수많은 그리스도교 저자들에 의해 사용되어 왔다. 시리아 저자들 역시 매우 이른 시기부터 이 개념을 이용해 자신들의 구원론을 표현했다. 그리스 저자들과 시리아 저자들 모두 비슷한 생각을 제시한다. 차이는 그리스도교 저자들이 관련 어휘를 사용해 이를 표현했다면, 시리아 저자들은 이를 시적 언어를 빌려 '이미지적으로' 그려냈다는 데 있다.[76]

시리아 저자들의 '테오시스'는 다양한 은유를 통해 드러나는데, 가장 흔한 은유는 바로 '의복의 은유'다. 그리스도의 육화와 이를 통한 인간 구원이 '의복을 입거나 벗는 식'으로 묘사되는 경우가 많다. 먼저 아프라하트를 예로 들어 보자. 그리스도는 세상에 올 때 인간의 몸을 '입었다.'[77] 이 인간의 몸은 그리스도가 승천할 때 같이 하늘로 올라갔으며 그곳에서 그리스도와 함께 머무른다. 다시 말하면, 몸은 본래 육적이고 지상적인 존재지만 그리스도와 함께 머무르며 천상에서 신적 영광을 입게 되었다(VI:10). 반대로 그리스도는 자신의 '영'을 그리스도인에게 보내 준다. 그리스도인들은 세례 때, 하늘에서 내려와 세례의 물 위에 머무르고 있는 이 영을 받아 입는다(VI:14). 이 과정을 통해 그리스도인은 신적 요소를 자기 안에 포함하게 되고, 단순한 육적 존재가

---

76 이에 대해서는 Seppälä, "The Concept of Deification in Greek and Syriac"를 보라.
77 이는 가현적 의미가 아니라 은유로 이해해야 한다. 바오로가 콜로 3,5-17에서 세례 때 '옛 인간을 벗고 새 인간을 입는다'라고 말한 것도 비슷한 맥락이다.

아니라 영적 존재로 탈바꿈한다. 거룩한 영과 함께하는 그리스도인은 그 이전과 비교할 때 본질적으로 다르다. 그리스도가 인간으로부터 '육적인 것'을 받아 인간이 되었듯, 인간도 그리스도로부터 영적인 것을 '받아' 영적인 존재가 된다. 이것이 바로 구원의 작용 방식(mechanism)다. 그리고 궁극적인 구원은 부활 이후 몸이 거룩한 영와 재회하여 영이 그를 '온전히' 영적으로 변모시켰을 때 이루어진다. 몸은 영적 존재인 거룩한 영과 하나가 되어 '신적인 존재'로 변화한다. 그리고 거룩한 영과 함께하지 못해 이 영적 변모를 겪지 않은 이들은 구원의 대상에서 배제된다(VI:14).

에프렘 역시 비슷한 생각을 보이는데, 아프라하트의 구원론보다는 좀더 정교하게 제시된다. 에프렘이 말하는 구원의 작용 원리는 그의 여러 작품들에 걸쳐 나타나는데, 이를 요약하면 다음과 같다.[78] 아담이 본래 영광의 의복을 두르고 있었는데, 지식의 나무 열매를 먹자 그가 걸치고 있던 이 옷이 벗겨지고 말았다(『낙원의 찬가』 3,14-15). 그가 지식의 나무 열매를 먹었을 때 알몸이라는 것을 깨달은 것도 바로 이 때문이다. 다시 말하면 아담은 자신의 힘으로 '신성'을 획득하려고 했지만 실패했고, 오히려 그가 지니고 있던 영광조차 잃고 말았다. 낙원을 잃어버렸다는 것도 단순히 낙원이라는 특정한 공간에서 쫓겨난 것이 아니라, 그 안에서 자신이 지니고 있던 영광을 잃어버린 것이다. 그리고 이 논리에 따라 구원은 바로 그가 잃어버린 이 영광의 의복을 되찾는 것이며, 신적 존재인 그리스도의 육화를 통한 구원 역사의 궁극적인 목적도 바로 여기에 있다. 이는 세례를 통해 이루어진다. 그리스도는 요르단 강

---

[78] 이 단락의 내용은 Brock, *The Luminous Eye: The Spiritual World Vision of Saint Ephrem the Syrian*, 85-97에서도 제시된다. 브록은 에프렘의 여러 작품을 망라하여, 본문을 통해 이 과정을 자세하게 서술한다. 비슷한 내용이 Buck, "Sapiential Theōsis: A New Reading of Ephrem the Syrian's Hymns on Paradise", 100-108에서도 언급된다.

에서 세례를 받아 세례를 '열었고'[79] 세례의 물 위에 영광의 의복을 '두었다.' 이는 바로 거룩한 영이다. 그리스도인들은 세례를 받을 때 물을 통해 거룩한 영을 입는데, 이를 통해 아담이 잃어버린 신성을 되찾을 수 있다. 그리고 궁극적인 구원은 종말의 날에 예복을 '입고' 종말의 낙원에서 열리는 혼인 잔치에 참여할 때 이루어진다.

시리아 저자들이 그리는 '존재론적' 구원 과정

아담이 죄를 지음 →	그리스도가 제정한 세례를 받음 →	마지막 날에 부활하여 영적으로 변모
영광의 의복을 잃어버림	세례의 물로부터 거룩한 영을 받아 입어 영광을 회복 (불완전 회복)	예복을 '입고' 낙원의 혼인잔치에 참석 (완전한 영광의 회복이 이루어짐)

아프라하트와 에프렘이 제시하는 구원의 작용 원리는 이들이 내세를 묘사할 때, 죽은 이들의 영혼이 머무를 낙원과 게헨나를 특정 공간으로 이해하지 않고 '상태적'으로 표현한 것과 일치한다. 다시 말하면, 구원을 받거나 벌을 받는 것은 어떤 특정 공간으로 이동하는 것과 전혀 다르다. 이는 겉으로 보이지는 않지만, 본질적·존재론적으로 변화하는 것을 가리킨다.

---

79 그리스도교 세례의 첫 번째 사례가 바로 그리스도에게서 비롯된다는 말이다.

6. 교회: 지상의 낙원

논의를 마치기 전에 한 가지를 더 언급하고자 한다. 앞서 우리는 아프라하트와 에프렘이 말하는 낙원과 게헨나 또는 하늘나라와 셔올이 '공간적'인 개념이 아니라 '상태적'인 성격을 띠고 있으며, 이것이 이들이 존재론적 구원론, 곧 '테오시스'와 일맥상통한다고 언급했다. 이는 다음과 같은 질문으로 이어진다. 낙원이 '상태적'이고, 구원은 '존재론적' 차원에서 이루어진다면, 그리스도인은 부활의 날이 오기 전에 낙원에 도달할 수 있는가?

이에 대해 아프라하트와 에프렘은 '그렇다'라고 답한다. 마지막 날이 오기 전에 이미 인간에게는 불완전하게나마 낙원이 허락된다. 브록을 비롯한 여러 학자들은 '되찾은 낙원' 또는 '지상에서 현실화된 낙원' 또는 '실현된 종말론'이라는 용어로 시리아 저자들의 구원론을 묘사한다. 이 주제를 자세하게 다루는 것은 이 연구의 범주를 벗어난다. 그러므로, 여기서는 앞서 언급한 '낙원에의 접근'이라는 측면에서만 이에 대해 간단히 언급하고자 한다.

6.1. 생명나무이신 그리스도

시리아 저자들은 창세 3장의 마지막을 읽을 때, 타락 이후 '울타리'가 낙원 주변에 놓여 낙원과 그곳에 놓인 생명나무로 사람들이 접근하는 것을 막았다고 해석했다.[80] 하지만 그리스도가 세상에 온 이후, 그리스도인들은 부활 이전에

---

80 『낙원의 찬가』 4,1. "말씀과 계명은 나무의 경계가 되었고, 커룹들과 날카로운 칼은 낙원의 울타리가 되었네." 낙원의 울타리에 대한 전승은 여러 시리아 작품들에서 찾아볼 수 있다. 이에 대해서는 Brock, *St. Ephrem the Syrian: Hymns on Paradise*, 62-66을 보라.

도 이 나무의 열매를 맛볼 수 있게 되었다. 이는 아프라하트가 남긴 마지막 논고 『송이 안의 포도들에 관한 논증(XXIII)』에서 찾아볼 수 있다.

『송이 안의 포도들에 관한 논증(XXIII)』

3. 최초의 인간이 뱀의 말에 귀를 기울였기 때문에, 그는 뱀의 먹이가 되는 저주를 벌로 받았습니다. 그리고 그 저주는 그의 자손들을 통해 이어졌습니다. 그가 지식의 나무에서 [열매를] 따 먹었기 때문에 생명나무의 열매들은 그에게 금지되었습니다. 그가 그것을 먹고 영원히 사는 일이 없도록 말입니다. 이를 통해 우리는 알 수 있습니다. 사람은 악한 자의 꼬임에 빠져 [하느님의] 계명을 어기고, 자기가 이전에 받았던 분별력을[81] 이용하여 주제넘게도 스스로 높은 자리를 차지하여 자기를 창조하신 분과 동등하게 되고자 하였기 때문에, 그와 생명나무 사이에 울타리가 세워졌습니다. 이를 보면서도, 악한 자의 속임수 때문에 그 열매들은 그로부터 금지되었습니다. 또 위대하신 분의 명령으로 [생명]나무 [둘레]에는 무시무시한 창과 빙빙 도는 불로 울타리가 세워졌습니다. 사람은 인식할 수 있고 또 지식을 지녔으니 그 나무에 접근할 수는 있지만, 그 자신의 약함 [때문에] 그 울타리를 넘을 수가 없습니다.

그럼에도 불구하고,[82] 이 향기로운 생명의 나무는 [그것을] 필요로 하는 이들에게서 거두어질 수 없으니, 그들은 그것[의 열매]를 먹고 살 것입니다. 그때, 이 [나무]는 그 가지들을 뻗치고 햇순들을 틔워, 울타리 너머로 가지들을 드리우고 그것을 지키고 있는 주변부 너머로 은총 안에서 열매를 떨어뜨릴 것입니다. 그리고 자기들이 전에 지니고 있던 혼란스럽고 해로운 지식 때

---

81 "분별력"을 직역하면, "지식의 식별."
82 직역하면, "그러므로."

문에 많은 고통을 겪고 있던 사람들의 경우, [그들에게] 선고된 저주가 이 치유의 방식을 통해 그들에게서 깨질 것입니다.

아담이 지식의 나무 열매를 먹었기 때문에, 그의 자손들 모두 아담이 획득한 지식을 물려받았다. 하지만 이 지식은 창조주와 동등하게 되려는 교만에서 비롯된 것이므로 "혼란스럽고 해로운 지식"이고, 사람들에게 고통을 안겨준다. 이 고통의 치유약은 바로 생명나무의 열매다. 생명나무는 울타리 안에서 보호받고 있지만, 기꺼이 가지를 울타리 너머로 드리워 열매를 맺고 울타리 바깥쪽에 있는 이들에게 넘겨준다. 이 열매는 바로 성찬례의 예형이다. 생명나무는 바로 그리스도를 의미하며, 생명나무의 열매는 그리스도의 몸을 가리키기 때문이다.

6.2. 교회: 인간이 세운 낙원

에프렘은 『낙원의 찬가』에서 다양한 낙원의 모습을 묘사하는데, 그 가운데 하나가 바로 '지상의 낙원인 교회'다. 에프렘에 따르면, 교회는 인간이 지상에 세운 낙원이자 심판 후에 도래할 낙원의 예형으로, 미래의 낙원이 지닌 요소들을 불완전하게나마 가지고 있다.

> 6,7 [하느님]께서는 장엄한 정원을 가꾸셨고, 정결한 교회를 세우셨네.
> 그분께서는 지식의 나무 안에 계명을 두셨네.
> 그분께서는 기쁨을 주셨지만 그들은 기뻐 뛰지 않았고, 그분께서는 경고하셨으나 그들은 두려워하지 않았네.
> 그분께서는 교회 안에 말씀을 설정하셨으니,

이는 약속으로 기쁨을 주고 경고로[83] 두려움을 일으키네.

[말씀]을 경멸하는 자는 멸망하겠지만, [말씀]의 경고를 받아들이는 이는 살리라.

8   거룩한 이들의 모임은 낙원의 예형이네.

생명을 주시는 분의 열매는 날마다 그곳에서 소출되고,

생명의 약인 [낙원]의 포도송이는, 나의 형제들이여, 그곳에서 으깨어지네.[84]

뱀은 저주를 받아 다리를 절며 묶여 있고,

하와는 유익한 침묵으로 그녀의 입이 봉인되었네.

하지만 그녀의 입은 다시 창조주를 위한 수금이 되리라.

9   그들 가운데는 벌거벗은 자가 없으니, 이는 그들이 영광을 입었음이로다.

또 나뭇잎들을 두르고 있거나, 부끄럽게 [알몸으로] 서 있는 이도 없으니,

그들이 주님을 통해 아담 집안의 긴옷을 찾았기 때문이라네.

교회가 자기의 귀를 깨끗이 할 때,

[사람들이] 듣고 그로 인해 망가진 뱀의 독으로부터,

자기들의 옷을 잃어버린 이들은 다시 새로운 흰옷을 [입었네].

10 수고를 모르는 힘과 지칠 줄 모르는 그분의 팔은

낙원에 [초목들을] 심고 수고를 들이지 않고 이를 가꾸셨지만,

우리는 우리의 자유 의지에서 나온 수고로 [낙원]을 온갖 열매들로 꾸미네.

창조주께서는 [교회]를 보시고 만족하시고는,

[교회]가 그분의 영예를 위해 심은 낙원에서 머무르셨네.

그분께서 [교회]의 즐거움을 위해 정원을 가꾸셨던 것처럼.

---

83 위협이나 협박처럼 강한 의미로 이해할 수 있다.

84 포도주를 만들기 위해 포도확에서 으깨어지는 것을 말한다.

에프렘에 따르면, 그리스도인들은 교회 공동체에 동참함으로써 부분적으로나마 낙원을 미리 맛볼 수 있다. 그가 교회를 낙원의 예형으로, 낙원 안에서 자라는 지식의 나무를 그리스도로 해석했고, 낙원에서 나는 열매를 그리스도의 몸, 곧 성체라고 보았기 때문이다.[85] 그리스도인들은 이 성체를 날마다 맛볼 수 있다. 또 에프렘은 그리스도인들이 교회 안에서 아담이 잃어버린 영광의 옷을 되찾았다고 말한다. 이 지상의 낙원인 교회는 바로 사람들이 스스로의 자유 의지로 세운 것이다. 그리고 창조주이신 하느님께서는 태초의 낙원에 그러하셨던 것처럼 사람들이 세운 낙원인 교회 안에도 머무르신다.

7. 논의를 마치며

아프라하트와 에프렘은 그리스도교의 가르침을 바탕으로 삼고 있으면서도 자신들의 셈계 영성과 사목자로서의 관점, 예형적 성경 해석 등을 이용하여 독특한 내세관을 만들어냈다. 이들은 성경 구절들을 '상징적이고 예형적'으로 해석하여 내세, 부활, 그리고 부활 이후의 심판과 낙원, 벌, 연옥 등의 개념을 설명하려 했다. 이들은 유다교 전통을 바탕으로 하고 있으면서도 하느님의 자비에 초점을 맞추어 영혼의 사후 회개의 가능성을 제시한다. 또 이들의 존재론적 구원론은 낙원의 성취와 관련하여 '실현된 종말론'으로 귀결된다. 다만 이들의 신학이 체계적으로 제시된 것은 아니다. 아프라하트는 사목 서간이라는 형식으로 자신의 내세관을 교회 공동체 구성원들에게 전달했다. 에프렘의 경우에도 사목적 목적으로 자신의 작품을 저술했지만, 시적 언어를 통해 이를

---

85 Brock, *The Luminous Eye: The Spiritual World Vision of Saint Ephrem the Syrian*, 96.

표현하여 문학적 성취마저 이룬다.

   오늘날 그리스도인들은 라틴 전통의 그리스도교에만 익숙할 뿐, 시리아 그리스도교에 대해서는 잘 알지 못한다. 하지만 시리아 그리스도교는 한때 그리스도교 세계의 한 축을 이루었고, 그리스도교 형성기에 오늘날의 교의가 형성되는 과정에서 큰 역할을 담당했다. 특히 이들은 자신들의 고유한 문학적 전통을 바탕으로 수많은 작품을 남겼으며, 여기에서 찾아볼 수 있는 '예형적·형상적' 영성은 논리와 과학적 사고에 익숙한 현대의 그리스도인들에게도 새로운 빛을 비추어 준다. 이 연구를 통해 오늘날의 독자들은 여전히 생소하게 느껴지는 시리아 저자 신학의 단면을 확인하고, 그리스도교의 내세관과 구원론을 보다 폭넓은 시야에서 이해할 수 있을 것이다.

8. 참고 문헌

아프라하트

『논증들』

   Parisot, J., *Aphraatis Sapientis Persae Demonstrationes I-II* (Firmin-Didot 1984/1907).

   Lehto, A., *The Demonstrations of Aphrahat, the Persian Sage* (Gorgias Press 2010).

   Valavanolickal, K., *Aphrahat: Demonstrations I-II* (SEERI 2005).

   Bruns, P., *Aphrahat: Unterweisungen I Aus dem Syrischen Übersetzt und Eingeleitet von Peter Bruns* (Fontes Christi 1991).

에프렘

『낙원의 찬가』

    Brock, S., *St. Ephrem the Syrian: Hymns on Paradise* (St. Vladimir Seminary Press 1990).

    이수민 역주, 『마르 에프렘의 낙원의 찬가』 (한님성서연구소 2010).

『니시비스 찬가』, Beck, E., *Des Heiligen Ephraem des Syrers: Carmian Nisibena* (CSCO Syri 102; Louvain 1963).

『주님 탄생의 찬가』, McVey, K., *Ephrem the Syrian: Hymns* (Paulist Press 1989), 63-217.

『장례 찬가』, Burges, H., *Select Metrical Homilies of Ephraem the Syrian* (Asher and Co. 1853), 1-110.

『푸블리우스에게 보낸 편지』, Brock, S., *Singer of the Word of God* (Gorgias Press 2020), 163-202.

외경

에즈라 4서, 송혜경, 『구약 외경 2』 (한님성서연구소 2023), 12-159.

일반 문헌

Becker, A., "Anti-Judaism and Care for the Poor in Aphrahat's 'Demonstration 20'", *Journal of Early Christian Studies* 10 (2002), 305-327.

Brock, S., *The Luminous Eye: The Spiritual World Vision of Saint Ephrem the Syrian* (Cistercian Publications 1985).

Buck, C., "Sapiential Theōsis: A New Reading of Ephrem the Syrian's Hymns on Paradise", *Journal of Assyrian Academic Society* 9 (1995),

80-125.

Dal Santo, M., *Debating the Saints' Cult in the Age of Gregory the Great* (Oxford 2012).

Den Biesen, K., "The Irresistible Love of God: Two Syrian Church Fathers on Universal Salvation in Christ", Ž. Paša (ed.), *Between the Cross and the Crescent: Studies in Honor of Samir Khalil Samir* (Pontificio Instituto Orientale 2018), 437-448.

Gavin, F., "The Sleep of the Soul in the Early Syriac Church", *Journal of the American Oriental Society 40* (1920), 103-120.

Jarkins, S., *Aphrahat the Persian Sage and the Temple of God* (Gorgias Press 2014).

Kim, J., "Body and Soul in Ephrem the Syrian", 『종교학연구』 21 (2002), 79-117.

Kronholm, T., *Motifs from Genesis 1-11 in the Genuine Hymns of Ephem the Syrian with Particualr Reference to the Influence of Jewish Exegetical Tradition* (Lund 1978).

Neusner, J., *Aphrahat and Judaism* (Brill 1971).

Seppälä, S., "The Concept of Deification in Greek and Syriac", *Review of Ecumenical Studies Sibiu 11* (2019), 439-455.

Walters, J., "The Sleep of the Soul and the Resurrection of the Body: Aphrahat's Anthropology in Context", *Hygoye 22* (2019), 433-466.

정태현

성경의 사후생: 마르 12,18-27(병행: 마태 22,23-33/ 루카 20,27-40)을 중심으로

차례

I. 들어가는 말

II. 구약성경의 사후생

   1. 지하세계/셔올/저승

   2. 영속적인 사후생에 대한 희망

      2.1. 계약의 하느님

      2.2. 부활

   3. 부활을 증언하는 성경 대목

III. 부활 논쟁(마르 12,18-27/ 마태 22,23-33/ 루카 20,27-40)

   1. 부활에 관한 사두가이파와 바리사이파의 견해

   2. 부활이 없다고 주장하는 사두가이들의 논증(마르 12,18-23/ 마태 22,23-28/ 루카 20,27-33)

   3. 예수님의 답변과 논증(마르 12,24-27/ 마태 22,29-32/ 루카 20,34-38)

      3.1. 부활한 이들의 존재 양식

      3.2. 부활 자체에 대한 예수님의 논증

      3.3. "죽은 이들의 하느님이 아니라 산 이들의 하느님"

   4. "하느님께는 모든 사람이 살아 있다"(루카 20,38).

IV. 맺음말

V. 참고 문헌

성경의 사후생: 마르 12,18-27(병행: 마태 22,23-33/ 루카 20,27-40)을 중심으로

I. 들어가는 말

사람은 오래 살고 싶고 죽음 이후에도 삶을 계속 이어가고 싶어한다. 이처럼 이승에서 시작한 삶이 저승에까지 이어가길 희망하는 항구적 생존욕은 고대 근동인들, 그리고 그들의 일원인 유다인들에게서 찾아볼 수 있다. 사후세계와 그곳에서 지속될 생존에 대한 관심은 고대근동의 신화들에서 풍부하게 확인된다. 한편 유다인들은 개인의 사후생을 더 넓은 맥락인 가족들의 생존과 이스라엘 민족의 생존 안에 위치시키고 전자보다 후자를 더 중요시하였다. 그렇게 된 배경에는 계약의 하느님에 대한 깊은 믿음이 자리잡고 있었다. 그리고 이 믿음은 부활이라는 독특한 개념을 창출하고 발전시켰다.

II. 구약성경의 사후생

1. 지하세계/셔올/저승

히브리인들의 우주관은 천상·지상·지하 삼층 지평으로 되어 있는데, 천상은 하느님의 어좌와 천사들이 있는 영역이고 지상은 살아 있는 사람들이 거주하는 영역이며 지하는 죽은 이들이 머무는 영역이다. 물론 이 세 영역을 창조하시고 구분하신 분은 하느님이시므로 그분은 어디에서나 현존하신다. 고대근동인들은 죽은 이들의 운명과 그들의 처소에 대한 관심이 높았다. 다수의 고대근동의 문헌들(신화, 장례문헌, 기도문, 축복문과 저주문 등)이 이를 증언한다. 이집트 문헌에서는 죽은 이들이 저 세상에서 현세의 삶을 이어가는 것으로 묘사

한다. 죽은 다음에도 사람들은 먹고 자고 경작하고 추수하는 지상의 일상생활을 지하에서 이어간다고 믿었다. 죽은 사람의 시신을 방부처리해서 미라로 만들어 안장하고 지체 높은 이의 죽음에 부인과 종들을 함께 순장하는 것도 이런 믿음 때문이다. 다른 한편 메소포타미아인들에게 지하세계는 네르갈 왕과 에레쉬키갈 왕비가 수많은 신들을 거느리고 다스리는 잘 조직된 왕국이었다. 이 왕국은 어둡고 음산한 불모의 땅이요 죽은 이들이 영혼의 형태로 존재하는 곳으로 입구만 있지 출구는 없는 곳이다. 그곳에서 아무도 빠져나올 수 없고 탈출을 시도하는 자는 엄한 처벌을 받는다.[1]

히브리인들이 생각하는 지하세계는 메소포타미아의 문헌이 묘사하는 모습과 비슷하다. 구약성경에서 지하세계는 여러 가지 용어로 불린다. '땅'이나 '지하'(1사무 28,13; 요나 2,7; 욥 10,21-22), '무덤'(시편 88,12), '먼지'(이사 26,5.19), '구렁'(시편 7,16; 잠언 28,17; 이사 14,15; 38,18), '멸망의 나라'(아바똔, 욥 28,22) 등이지만 가장 많이 쓰이는 용어는 '셔올'이고 이를 우리말로는 불교용어이지만 '저승'으로 옮긴다. 따라서 셔올/저승은 지하세계를 대표한다. 셔올이 위치한 곳은 삼층 우주관에서 가장 낮은 지평인 지하다. 구체적으로 '땅속'(민수 16,31-33), '산의 뿌리'(요나 2,7), 바다나 대양의 바닥인 '물 밑'(욥 26,5) 등이다. 지하는 죽은 이들의 시신을 안장하는 곳인 동시에 그들이 그림자로, 또는 잠든 상태로 머무는 셔올이 자리잡은 곳이다. 이곳에서의 생존은 의식과 정체성은 유지하나 활동성이 없다. 그곳에서는 생명의 원천인 하느님과도 차단되어 그분을 예배하거나 찬양할 수 없다. "죽으면 아무도 당신을 기억할 수 없습니다. 저승에서 누가 당신을 찬송할 수 있겠습니까?"(시편 6,6; 참조: 시편 30,10; 115,17; 집회 17,27; 이사 38,18-19; 바룩 2,17). 또한 주님께서도 셔올에 있는 이들을 기억하지 않으신다. "저는 죽은

---

1 참조: Kedar, "Netherworld", 996; Wright, *The Resurrection of the Son of God*, 64-68; 주원준, "죽음의 신의 고향에서 영원한 승리를!"

이들 사이에 버려져 마치 무덤에 누워 있는 살해된 자들과 같습니다. 당신께서 더 이상 기억하지 않으시어 당신의 손길에서 떨어져 나간 저들처럼 되었습니다"(시편 88,6). 한 번 그곳에 들어가면 외부에서의 특별한 요인(예를 들어 영매)이 개입되지 않는 한 빠져나올 수 없다.[2] 모든 사람은 예외 없이 죽어서 셔올에 가고 똑같은 상태로 그곳에 머문다(코헬 9,2). 물론 하느님은 셔올에도 계시지만(시편 139,8) 그분의 현존이 죽은 이들에게 아무런 도움도 위로도 되지 못한다. 그곳에는 징벌도 보상도 없다. 이것이 전통적 셔올의 개념이다.

이 전통적 셔올의 개념에 점차 변화가 일어났다. 셔올에 의인이 머무는 곳과 악인이 머무는 곳이 따로 있다는 것이다. 이 같은 셔올 개념의 발전은 구약 외경 에녹 1서, 바룩 2서, 에즈라 4서에서 확인된다.[3] 이 변화는 하느님의 정의와, 의인과 악인의 현세적 운명에 대한 반성에서 나왔을 것이다. 공의로우신 하느님은 의인에게는 상을 주시고 악인에게는 벌을 내리실 것으로 예상되

---

[2] 1사무 28,3-25에서 사울은 영매를 통해 죽은 사무엘과 만난다. 사무엘은 자신을 셔올의 잠든 상태에서 깨워 불러낸 사울을 나무랜다. "왜 나를 불러올려 귀찮게 하느냐?"(1사무 28,15). 죽은 이들은 셔올의 항구적인 잠에서 방해받지 않고 머물러 있어야 한다. 따라서 영매나 점쟁이들을 통해 죽은 이들과 접촉을 시도하는 것은 엄격하게 금지되었다(탈출 22,17; 레위 19,31; 20,6.27; 신명 18,11; 1사무 28장; 이사 8,19). 이 규정들은 죽은 이들과의 접촉 시도가 관습적으로 널리 시행되고 있었다는 반증이기도 하다.

[3] 송혜경, "구약 외경에 나타난 '죽음 이후'" 참조. 그러나 구약 외경에서 하느님이 셔올에서 개인들을 개별적으로 심판하신다는 명백한 언급은 찾아보기 힘들다. 1에녹 22,11: "여기서(셔올) 죄인들의 영들은 (다른 영들과) 따로 떨어져 위대한 심판의 날까지 엄청난 고문을 받게 된다. 저주받은 자들은 고통과 고문을 영원히 당할 것이다. 이것이 그 영들이 받게 될 보상이다. 그들은 영원히 그곳에 묶여 있을 것이다." 셔올은 오히려 영들이 위대한 심판의 날까지 기다리는 곳이다. 바룩 2서에서는 지하세계를 셔올과 셔올 깊은 안쪽에 위치한 영혼들의 보고(곳간)로 구분하고 의인들의 영혼은 이 보고에, 그 밖의 영혼들은 셔올에서 지낸다. 이 자체를 심판으로 볼 수도 있겠으나 사심판의 구체적이고 명백한 언급은 없다. 에즈라 4서도 바룩 2서와 마찬가지다.

었지만 현실에서는 의인이 고통을 받고 악인이 득세한다. 이렇게 되면 현세에서 하느님의 정의는 무너진다. 전통적 셔올 개념을 지니고 있던 코헬렛의 저자가 이 사실을 간파하고 냉소적으로 부조리한 현실을 지적한다. "땅 위에서 자행되는 허무한 일이 있다. 악인들의 행동에 마땅한 바를 겪는 의인들이 있고 의인들의 행동에 마땅한 바를 누리는 악인들이 있다는 것이다. 나는 이 또한 허무라고 말한다"(코헬 8,14; 참조: 욥기의 운문 부분 3—31장). 그러나 지혜서의 저자는 이 세상에서 실현되지 못한 하느님의 정의가 사후생에서 실현되리라고 확신한다. 코헬렛과 욥기와, 지혜서와 마카베오기 하권 사이에는 사후생 개념에 분명한 변화가 감지된다.[4] 코헬렛과 욥기의 저자들은 전통적인 셔올 개념을 전제로 하느님의 정의에 바탕을 둔 상선벌악의 원리가 현세에서 지켜져야 한다고 믿는다. 그런데 현실에서 그 원리가 지켜지지 않는 것을 보면서 문제를 제기하지만 이 문제를 인간이 범접할 수 없는 하느님의 섭리나 신비에 돌린다. 지혜서의 저자 역시 상선벌악의 원리가 제대로 지켜지지 않는 현실을 인정하지만 그것은 현세에서의 사정이고 내세에서 하느님이 그 원리를 실현시키실 것으로 확신한다. 의인들을 조롱하고 박해하던 악인들은 현세에서 기득권과 복을 누리겠지만 죽음으로 모든 것을 잃게 되고 이어지는 내세에서 단죄받고 결국 연기처럼 사라질 것이다(지혜 5,14). 반면 하느님의 정의와 자애를 믿은 의인들은 현세에서 박해와 고통을 받겠지만 죽은 다음에 하느님 곁에서 안식을 누리다가 하느님과 함께 세상의 주인으로 돌아와 민족들을 통치하고 심판할 것이다

---

[4] 코헬렛의 저작 시기는 유배 이후에서 마카베오 시대 이전까지, 기원전 4-3세기로 추정된다. 참조: Longman III, *The Book of Ecclesiastes*, 9-11. 욥기의 저작 시기는 기원전 7세기 히즈키야 시대부터 제2성전 시대의 4-3세기까지 다양하게 제시되지만 이사야의 연관성 때문에 기원전 7-6세기 중반으로 볼 수도 있다. 참조: Hartley, *The Book of Job*, 17-20. 지혜서(LXX 솔로몬의 지혜서)의 저작 시기는 기원전 220-기원후 50년으로 추정된다. 참조: Winston, *The Wisdom of Solomon*, 20-25.

(지혜 3,1-9; 4,16—5,23). 2마카 7장은 안티오코스 4세의 박해 시절에 하느님께 충성했던 일곱 아들과 그 어머니의 순교 이야기를 전한다. 여섯 형들이 용감하게 순교한 것을 지켜본 막내는 박해자에게 하느님의 정의가 반드시 실현될 것을 선언한다. "당신은 모든 것을 지켜보시는 전능하신 하느님의 심판에서 벗어난 것이 아니오. 우리 형제들은 잠시 고통을 겪고 나서 하느님의 계약 덕분에 영원한 생명을 누리게 되었소. 그러나 당신은 주님의 심판을 받아 그 교만에 마땅한 벌을 짊어질 것이오"(2마카 7,35-36). 이 구절에서 "하느님의 계약 덕분에 영원한 생명을 누리게 되었소"라는 말은 아래에 살펴보겠지만 매우 중요하다.

2. 영속적인 사후생에 대한 희망

고대 이스라엘인들은 현세에서의 생명이 유한하고 죽은 다음에는 셔올에서 희미한 그림자로 생존한다는 것을 알았기 때문에 셔올에서의 밋밋한 생존에 연연하지 않았다. "십 년을 살든 백 년을 살든 천 년을 살든 저승에서는 수명을 따질 필요가 없다"(집회 41,4). 그 대신 그들은 사후생에 대한 희망을 후손들과 이스라엘 민족의 지속적 생존에 두었다. 그래서 그들은 이승에서의 장수를 바랐고, 죽은 다음에는 자신의 생명이 후손들과 이스라엘 민족을 통해 이어지기를 염원하였다. 그리고 한 민족의 생존을 위해서는 그들이 삶의 터전으로 삼아야 할 땅이 절대적으로 필요했으므로 땅이 중요하였다. 그래서 하느님의 삼대 축복이 장수와 후손과 땅으로 여겨지게 된 것이다.

2.1. 계약의 하느님

창세기에는 하느님이 개인들과 맺는 계약들이 나온다. 계약은 하느님의 은혜로운 약속이다. 성경의 계약들은 모두 하느님이 주도하신다. 최초의 계약은 노아와의 계약이다(창세 6,18; 9,9-17). 노아의 계약은 다시는 홍수와 같은 큰 재난으로 사람들과 땅 위의 모든 생물들을 파멸시키지 않으시겠다는 약속이다. 하느님은 생명의 창조주로서 당신이 만드신 피조물의 멸망을 결코 원치 않으시고 그들이 번식하고 번영하기를 축원하신다. 그 다음의 계약은 아브라함과 맺으신 계약이다. 계약의 내용은 땅과 후손과 민족이다(창세 15,18; 17,2-9). 무엇보다 중요한 것은 아브라함과 그 후손들에게 그들의 하느님이 되어 주시겠다는 약속이다. "나는 나와 너 사이에, 그리고 네 뒤에 오는 후손들 사이에 대대로 내 계약을 영원한 계약으로 세워, 너와 네 뒤에 오는 후손들에게 하느님이 되어 주겠다"(창세 17,7). 그 이후부터 하느님은 혼자서 자존·자족하시는 신, 또는 이 세상과 아무런 관련이 없는 추상적인 개념이나 원리로만 존재하는 불특정한 신이 아니라 아브라함의 하느님, 이사악의 하느님, 야곱의 하느님, 이스라엘의 하느님, 곧 특정한 개인들과 민족과 관계를 맺으시고 그들의 생존과 번영에 깊은 관심을 가지신 인격신이 되신다. 하느님은 아브라함과 이사악과 야곱의 후손들이 이집트에서 노예살이를 할 때, 그들과 맺으신 계약을 기억하시고(탈출 2,25) 모세를 통해 인격신으로서의 당신 신원을 밝히신다. "나는 네 아버지의 하느님, 곧 아브라함의 하느님, 이사악의 하느님, 야곱의 하느님이다"(3,6). 그리고 모세를 통하여 당신의 백성을 노예살이에서 해방시키시어 젖과 꿀이 흐르는 가나안 땅으로 인도하시겠다고 약속하신다. 먼저 이스라엘 백성을 노예살이에서 해방시키시어 시나이 광야까지 인도하신 다음, 그곳 시나이산에서 그들과 장엄하게 계약을 맺으신다. 이제 하느님은 이스라엘의 하느님이 되시고 이스라엘은 하느님의 백성이 된다. 계약의 주체이신 하느님은 이스라엘의 생존과 번영을 약속하시고 계약의 객체인 이스라엘은 하느님과 하느님 말씀(십계명으로 요약)에 대한 충성을 요청받았다. 이 시나이 계약의 의무조항인 계명을 잘 지키면 이스라엘은 가나안 땅을 차지하고 그곳에서 번영을 누릴 것이지만(신명 29,8), 거짓 신들을 경배하며 하느님께 불충하고 계명을 어긴다면 그들은 그 땅을 빼앗기고 모든 민족들 가운데로 흩어져 버릴 것이다(29,27). 그러나 하느님은 흩어진 그들이 뉘우치고 당신께 돌아오면 그들을 하늘 끝까지 쫓아가 그들을 다시 조상들의 땅으로 불러들이시어 그곳에서 조상들보다 더 번영을 누리고 번성하게 해 주실 것이다(30,1-5).

가나안 땅에 들어온 이후에 하느님은 다윗과 계약을 맺으시고 그의 왕권을 굳건히 세워주신다. 다윗 왕권의 확립은 다윗 개인의 안정된 통치뿐 아니라 하느님 백성 이스라엘의 존립과 번영에 직결되어 있다. 다윗은 마지막 유언에서 하느님이 자신과 맺은 계약을 "영원한 계약"이라고 밝히는데(2사무 23,5), 이는 다윗 왕정 초기에 나탄 예언자가 선포한 하느님의 약속에서도 드러난다. "너의 집안과 나라가 네 앞에서 영원히 굳건해지고, 네 왕좌가 영원히 튼튼하게 될 것이다"(2사무 7,16). 나탄의 예언과 다윗과 맺으신 주님의 영원한 계약은 시편의 군왕시편들과 예언자들의 메시아 신탁들을 거쳐 유다교 안에 메시아니즘으로 발전하였다.

하느님이 노아와 아브라함과 다윗 등 개인들과 맺으신 계약들은 그 개인 한 사람과 맺으신 계약에서 그치지 않고 그들의 후손들, 그 후손들로 구성될 민족, 그리고 더 나아가 인류 전체와 당신이 창조하신 모든 피조물에까지 그 영향력이 파급된다. 창세기에 나오는 개인들과 맺은 계약들은 모두 탈출기의 시나이 계약에 수렴되지만 시나이 계약도 하느님이 이스라엘이라는 특정한 민족의 생존과 번영만을 위해서 마련하신 계약이 아니라 인류 전체의 구원을 염두에 두고 맺으신 계약이다. 이스라엘에게 선포된 계약의 의무조항들을 총정리한 십계명은 인류 전체의 생존과 번영을 위한 보편법이다. 그런 의미에서 이스라엘이라는 선민은 만민의 구원을 위한 하나의 표본이요 안내표지다. 구약성경과 유다이즘 안에서는 아직 그 계약들이 구원의 보편성을 드러내지 않지만 신약성경, 특히 바오로 사도의 서간들은 구약의 모든 계약들이 하느님의 아들이요 사람의 아들이신 예수 그리스도의 피로 맺어진 새 계약 안에 수렴되고 완성되면서 새로운 하느님 백성인 교회를 통해서 인류와 피조물 전체의

구원을 실현시키고 있다는 사실을 선포한다.[5]

2.2. 부활

위에서 고대 유다인들은 사후생에 대한 희망을 셔올에서의 생존이 아니라 자신의 생명이 후손들과 이스라엘 민족을 통해 이어지기를 염원했다고 밝혔다. 그리고 그 희망의 바탕에는 계약의 하느님에 대한 충실한 믿음이 자리잡혀 있다고 지적하였다. 나라의 주권을 빼앗기고 유배를 체험하게 된 제2성전 시대의 유다인들은 개인들의 사후생과 이스라엘 민족의 회복에 대한 희망을 부활의 개념으로 고양시켰는데, 이 부활 역시 계약의 하느님께 대한 절대적 믿음에 바탕을 둔다.

한편 유다-그리스도교의 부활 개념이 고대근동이나 그리스-로마 문화에서 유래했다는 가설이 종종 제기되어 왔지만, 이는 근거가 약하다. 고대 이집트와 메소포타미아 신화, 로마-그리스 신화와 북구 신화에 이르기까지 세계의 다양한 신화들은 주요 신들이 죽고 재탄생하는 이야기를 담고 있다. 해와 달의 주기적 순환, 계절의 변화, 곡물의 파종과 수확 등이 신들의 죽음과 재생과 연결된다. 그러나 이런 신들의 죽음과 재생은 성경의 부활 개념과 다르다. 하느님은 자연의 순환을 통제하시는 분이시고 죽음과 재생을 겪는 신들과 달리 모든 피조물에게 생명을 주시는 분이시다. 그분은 오히려 죽음을 완전히 제압하시고 정복하시는 분이시며,[6] 당신께 충실한 백성을 죽음에서 일으키시는 분이시다. 유다인들은 하느님을 죽고 부활하는 신으로 여긴 적이 없다. 또

---

[5] 로마서 전체가 이 주제를 집중적으로 다룬다. Wright, *The Resurrection of the Son of God*, 209-388, 특히 241-267.

[6] 이스라엘의 하느님 야훼는 의인화된 죽음(모트)을 정복하시는 분이시다(이사 25,8). 주원준, "죽음의 신의 고향에서 영원한 승리를!" 참조.

한 하느님의 권능으로 당신 백성에게 실현될 부활은 끊임없이 반복되는 재생과 달리 일회적이고 불가역적인 사건이다.

그리스도의 부활에 대한 신약성경의 믿음을 고대근동 또는 페르시아의 문화나 종교 의례에서 유래된, 또는 적어도 영향을 받은 것으로 추정하는 가설들도 계속 제시되어 왔으나 많은 논의 중이고 더 많은 토론이 필요하다.[7] 다만 어느 문화권에서도 사후생 이후의 생존과 소생/부활에 대한 희망은 확인할 수 있다.

계약에 충실하신 하느님, 그리고 당신 백성에 대한 그분의 자애와 정의는 이스라엘을 이민족들의 지배 아래 버려두지 않으시고 이스라엘을 회복시켜 주실 것이다(땅과 후손에 대한 약속). 또한 그분께 충성을 바치는 개인들, 특히 그분의 말씀을 따르다가 고통을 받고 순교한 이들을 죽음의 세력과 저승에 버려두지 않을 것이다(개인에 대한 약속). 이 두 가지 약속은 부활이라는 개념으로 수렴되고 하나로 통합된다. 집단적 차원에서의 부활은 이스라엘의 회복이고 개인적 차원에서의 부활은 종말에 이루어질 몸 부활인데 구약성경에 나오는 부활 관련 대목들은 모두 이 둘을 동시적으로 가리킨다.

3. 부활을 증언하는 성경 대목

바오로 사도는 코린토인들에게 자신이 전해 받은 복음의 내용이 무엇인지를 이렇게 밝힌다. "나도 전해 받았고 여러분에게 무엇보다 먼저 전해 준 복음은

---

[7] 그리스도교의 부활 신앙이 고대근동의 종교적 의례에서 유래되었다는 가설들은 Frazer, *The Golden Bough: A Study in Magic and Religion*을 따른다. 이에 대한 반론은 McKenzie, *Pagan Resurrection Myths and the Resurrection of Jesus*을 보라. Wright, *The Resurrection of the Son of God*, 81, no. 265에서 재인용.

이렇습니다. 곧 그리스도께서는 성경 말씀대로 우리의 죄 때문에 돌아가시고 묻히셨으며, 성경 말씀대로 사흘날에 되살아나시어 케파에게, 또 이어서 열두 사도에게 나타나셨습니다"(1코린 15,3-5). 여기서 바오로는 부활에 대한 성경 말씀을 구체적으로 인용하거나 지적하지 않았다. 그럼에도 『유다인 신약성경 주석』(이하 JNTC)은 그리스도의 부활에 대한 성경 증언으로 레위 23,9-15(토라), 이사 53,10-12(느비임), 시편 16,9-11(케투빔)을 제시하고 일반 사람들의 보편 부활에 대한 성경 증언으로 욥 19,25-27; 이사 26,19; 다니 12,2을 제시한다.[8] 또한 "사흘날에"에 대한 성경 증언으로는 2열왕 20,8과 호세 6,2을 제시한다. 사실 그리스도의 부활은 보편 부활의 첫 열매요 선취이므로 둘은 분리해서 논의할 수 없다(1코린 15,12-20). 이 부활에 대한 성경 증언록에서 레위 23,9-15이 어떻게 부활에 대한 증언인지는 명확하지 않다. 오히려 이 대목 대신 마른 뼈 환시를 담은 에제 37,1-14이 부활에 대한 더 분명한 증언이기에 전자 대신 후자를 논의 대상으로 상정한다.[9]

개별 성경 증언들 하나하나를 상세히 다루는 것은 이 논문의 범위를 넘어서기에 우리 주제와 관련하여 핵심적인 메시지만 지적하겠다.

이사53,10 그러나 그를 으스러뜨리고자 하신 것은 주님의 뜻이었고 그분께서 그를 병고에 시달리게 하셨다. 그가 자신을 속죄 제물로 내놓으면 그는 후손을 보며

---

8 Stern, *Jewish New Testament Commentary*, 485-486. JNTC가 보편 부활의 성경 증언으로 제시한 이사 26,14는 26,19의 오류다. 26,14은 오히려 저승에서 빠져나올 수 없는 악인들의 운명을 묘사한다.

9 Wright는 바오로가 이 대목에서 특정한 구약성경 대목들을 인용하는 대신 메시아의 죽음과 부활에 수렴되는 성경 전체의 이야기를 언급하고 있다고 주장한다(*The Resurrection of the Son of God*, 320). 그럴지라도 부활에 대해 명시적으로 언급한 대목들을 상정하여 논의할 필요가 있다.

오래 살고 그를 통하여 주님의 뜻이 이루어지리라. ¹¹ 그는 제 고난의 끝에 빛을 보고 자기의 예지로 흡족해하리라. 의로운 나의 종은 많은 이들을 의롭게 하고 그들의 죄악을 짊어지리라. ¹² 그러므로 나는 그가 귀인들과 함께 제 몫을 차지하고 강자들과 함께 전리품을 나누게 하리라. 이는 그가 죽음에 이르기까지 자신을 버리고 무법자들 가운데 하나로 헤아려졌기 때문이다. 또 그가 많은 이들의 죄를 메고 갔으며 무법자들을 위하여 빌었기 때문이다.

고통받는 주님의 종의 노래에서 이 종의 신원이 무엇인지에 대한 논란이 있어 왔다. 해방자 키루스 대왕, 예언자 자신, 이스라엘 민족, 미래의 이상적 임금 메시아 등으로 다양하게 제시되지만, 신약성경 저자들은 우리의 죄를 짊어지시고 십자가에 못박혀 돌아가셨다가 부활하신 예수 그리스도의 예형으로 여긴다. 앞 뒤 문맥상(예루살렘의 해방과 변영) 이 종의 신원을 두고 위에 제시된 표상들 가운데 이사야서의 저자가 염두에 둔 표상은 이스라엘 민족과 미래의 이상적 임금 메시아로 보인다. 그리고 이 종의 노래는 메시아의 운명과 이스라엘 민족의 운명이 직결되어 있음을 시사한다. 메시아는 이스라엘 민족의 죄를 짊어지고 죽음을 맞게 되지만 하느님께서 그를 일으키심으로써 이스라엘 민족을 일으키실 것이다.

시편 16,9 그러기에 제 마음 기뻐하고 제 영혼이 뛰놀며 제 육신마저 편안히 쉬리이다. ¹⁰ 당신께서는 제 영혼을 저승에 버려두지 않으시고 당신께 충실한 이는 구렁을 아니 보게 하십니다. ¹¹ 당신께서 저에게 생명의 길을 가르치시니 당신 면전에서 넘치는 기쁨을, 당신 오른쪽에서 길이 평안을 누리리이다.

이 시편은 하느님의 도움으로 저승 또는 구렁에서 구출된 자의 찬가다. 고대근동이나 그리스-로마 문헌에서 죽음 이후에 저승에 갔다가 부활한 사람은 없다. 죽음에서 살아난 자는 또다시 죽지만 이는 부활이라 할 수 없다. 부활은 반복될 수 없는 사건이다. 유일하게 부활하여 영원히 사는 이는 예수 그리스도 한 분뿐이시다. 그래서 사도행전에서 베드로와 바오로는 이 대목을 예수 그리스도의 죽음과 부활에 대한 증언으로 인용한다(사도 2,25-32; 13,35-37).

이제 보편 부활에 대한 성경 증언을 살펴보자. 보편 부활은 아직 일어나지 않았다. 그것은 세상 종말에 일어날 것이다.

> 욥 19,25 그러나 나는 알고 있다네, 나의 구원자께서 살아 계심을. 그분께서는 마침내 먼지 위에서 일어서시리라. 26 내 살갗이 이토록 벗겨진 뒤에라도 이 내 몸으로 나는 하느님을 보리라. 27 내가 기어이 뵙고자 하는 분, 내 눈은 다른 이가 아니라 바로 그분을 보리라. 속에서 내 간장이 녹아내리는구나.

욥기의 산문 부분은 하느님께 대한 무한한 신뢰를 보내면서 자신에게 닥친 불행을 하느님의 섭리로 받아들였다가 나중에 하느님께 곱절로 보상받은 한 의인의 이야기를 전한다. 반면에 운문 부분은 까닭없이 고통을 받는 한 의인이 구원자이신 하느님께 상선벌악의 원리가 제대로 작동되지 않는 부조리한 현실을 두고 하느님께 항변하는 내용을 다룬다. 그 가운데서 위에 인용한 욥 19,25-27은 자신의 유일한 고엘(구원자)에 대한 무한한 신뢰와 더불어 '살갗이 벗겨진 뒤에라도', 곧 죽은 다음에도 그분을 반드시 뵙겠다는 간절한 희망을 드러낸다. 죽음 이후에 그분을 눈으로 직접 뵙는다는 말은 사후생 이후의 몸 부활을 시사한다.

인간은 반드시 죽을 수밖에 없는 존재이고 죽은 다음 저승에 한 번 내려가면 다시 거기서 빠져나올 수 없다. "누가 영원히 살아 죽음을 아니 보겠습니까? 누가 저승의 손에서 자기 영혼을 빼내겠습니까?"(시편 89,49). 그러나 만물을 창조하시고 인간에게 당신의 숨을 불어넣으시어 살게 하신 하느님은 저승에 떨어진 사람도 얼마든지 끌어올리실 수 있다. 인간 스스로의 능력으로는 저승을 극복할 수 없고 저승에서 하느님과 친교를 맺을 수 없지만 저승을 만드신 하느님은 인간을 저승에서 끌어내실 수 있다(1사무 2,6; 시편 49,16; 86,13; 139,8; 지혜 16,13). 하느님이 저승에 떨어진 인간을 끌어올리신다는 것은 엘리야나 엘리사가 죽은 사람을 살리는 것과 같지 않다. 그것은 썩어가는 시체를 저승의 문턱에서 빼내어 소생시키는 것이다. 하느님에 의해서 이루어지는 인간의 부활은 몸 부활이긴 하지만, 부패할 몸에서 불멸하는 몸으로 바뀐 부활이다.

> 이사 26,19 당신의 죽은 이들이 살아나리이다. 그들의 주검이 일어서리이다. 먼지 속 주민들아, 깨어나 환호하여라. 당신의 이슬은 빛의 이슬이기에 땅은 그림자들을 다시 살려 출산하리이다.

이 구절은 보편적 부활에 대한 보다 명시적인 언급이다. 여기서 "당신의 죽은 이들"은 하느님과 그분의 계명 준수에 충실한 이들, 곧 의인들을 말한다. 그들은 더 이상 먼지 속에 살지 않고 더 이상 그림자들로 살지 않을 것이다. "먼지 속 주민들"과 "그림자들"은 저승에 처한 인간의 삶을 가리킨다. 흙먼지로 뒤덮인 저승에 머무는 사람들은 먼지를 먹고 산다.[10] 악인들의 사후 운명에 대해서는 몇 구절 앞에서 묘사한다. "죽은 자들은 이제 살아나지 못하고 그림자들은 이제 일어서지 못합니다. 정녕 당신께서는 그들을 벌하여 멸망시키시고 그들에 대한 기억도 모두 없애 버리셨습니다"(이사 26,14). 종말의 몸 부활 때 의인들과 악인들이 다같이 살아나는지 아니면 악인들은 저승에 그림자로 머물고 의인들만 부활하는지 구약의 정경과 외경, 유다이즘 안에서 엇갈리는 견해들

10　Kedar, "Netherworld", 996.

이 발견된다. 아래 인용할 다니 12,2은 전자를 증언한다. 요한 묵시록에 따르면 의인들과 악인들이 다 같이 부활하여 하느님 앞에서 심판을 받고 악인들과 저승은 불못에 던져져 영원히 사라지고 의인들은 새 하늘과 새 땅에서 어린양과 함께 영원히 세상을 다스릴 것이다(묵시 20,11—22,5).

> 다니 12,1 그때에 네 백성의 보호자 미카엘 대제후 천사가 나서리라. 또한 나라가 생긴 이래 일찍이 없었던 재앙의 때가 오리라. 그때에 네 백성은, 책에 쓰인 이들은 모두 구원을 받으리라. ² 또 땅 먼지 속에 잠든 사람들 가운데에서 많은 이가 깨어나 어떤 이들은 영원한 생명을 얻고 어떤 이들은 수치를, 영원한 치욕을 받으리라. ³ 그러나 현명한 이들은 창공의 광채처럼 많은 사람을 정의로 이끈 이들은 별처럼 영원무궁히 빛나리라.

다니 12,2은 죽은 이들의 부활에 관한 보다 분명한 성경 증언이다. JNTC는 다니 12,2만 성경 증언 대목으로 제시했지만 이 구절이 속한 다니 12,1-3은 제2성전 시대 후기의 구약 정경과 외경 묵시문학, 신약 정경과 외경 그 밖의 유다 문헌에 엄청난 영향을 미쳤기 때문에 함께 인용한다. 세상 종말 때에 미카엘 대천사가 나타나 하느님이 주관하시는 최후심판의 집행관 역할을 한다. "땅 먼지 속에 잠든 사람들"은 저승에 내려간 죽은 이들이다. 이들 가운데서 "많은 이가" 깨어난다. 여기서는 세상 종말 때에 죽은 이들 모두가 부활하지 않을 것임을 시사한다. 어떤 이들이 부활하고 어떤 이들이 부활하지 않는지는 밝히지 않지만 부활한 이들은 두 부류로 구분되고 저마다 운명을 달리한다. 한 편의 사람들은 영원한 생명을 얻고 다른 편의 사람들은 영원한 치욕을 받는다. 이는 부활한 이들이 하느님의 심판을 받아 의인들 또는 현명한 이들은 영원한 보상을 얻고 악인들은 영원한 징벌을 받게 된다는 사실을 전제한다.

마지막으로 언급할 보편부활에 대한 성경 증언은 에제 37,1-14이다. 지면

상 이 대목을 다 인용하지는 않겠지만 보편부활, 특히 몸 부활과 관련하여 이 대목의 중요성과 영향력은 가늠하기 힘들다. 여기서 지적하고자 하는 것은 이 대목의 문자적 의미와 문학적 의미(은유적 의미)가 저마다 부활에 대한 이중 희망, 곧 보편 부활과 이스라엘의 회복을 가리킨다는 사실이다. 마른뼈 환시 자체를 문자 그대로 보면 이는 분명 몸 부활에 관한 것이다. 예언자는 주님의 영에 이끌려 신원을 알 수 없는 주검들이 쌓여 있는 넓은 계곡 한복판으로 내려간다. 그곳에 있는 주검들은 이미 탈골이 되어 뼈만 남아 있고 이 뼈들이 한데 섞여 있어 주검들의 신원을 확인할 길이 없다.[11] 하느님의 지시를 받고 예언자가 그 마른 뼈들에게 주님의 말을 전하고 주님의 숨이 그 뼈들에게 불어오자 힘줄과 살과 살갗이 뼈들에 들어붙고 탈골되었던 시신들이 되살아났다. 이는 분명 몸 부활에 관한 환시다. 다른 한편 에제 37장의 문맥으로 보아서 저자는 이 환시 대목을 하느님의 백성 이스라엘의 회복 또는 부활을 예고하는 은유로 제시한다. 이는 이 환시에 이어지는 주님의 해석(37,15-27)에서 명백하게 확인된다. 한마디로 마른 뼈 환시의 문자적 의미는 보편 부활을, 문학적 의미는 이스라엘의 회복/부활을 가리킨다. 마른 뼈 환시(37,1-14)에서 가장 중요한 대목은 마지막 두 구절이다.

> 에제 37,13 "내 백성아, 내가 이렇게 너희 무덤을 열고, 그 무덤에서 너희를 끌어 올리면, 그제야 너희는 내가 주님임을 알게 될 것이다. [14] 내가 너희 안에 내 영을 넣어 주어 너희를 살린 다음, 너희 땅으로 데려다 놓겠다. 그제야 너희는, 나 주님은 말하고 그대로 실천한다는 사실을 알게 될 것이다. 주님의 말이다."

---

11 6·25 전쟁 때에 전투가 치열했던 산 계곡에 가매장되었다가 오랜 시일이 걸려 발굴된 수많은 시신들이나 5·18 광주 민주화운동 때에 살해되어 암매장되었다가 발견된 시신들을 떠올릴 수 있겠다.

하느님은 당신의 계약/약속을 반드시 지키시는 분이다. 따라서 당신 백성을 결코 무덤에 또는 절망 상태에 버려두지 않으실 것이다.

이어지는 마른 뼈 환시의 해석(에제 37,15-28)에서 중요한 부분은 마지막 세 구절이다.

에제 37,26 "나는 그들과 평화의 계약을 맺으리니, 그것이 그들과 맺는 영원한 계약이 될 것이다. 나는 그들에게 복을 내리고 그들을 불어나게 하며, 나의 성전을 영원히 그들 가운데에 두겠다. 27 이렇게 나의 거처가 그들 사이에 있으면서, 나는 그들의 하느님이 되고 그들은 나의 백성이 될 것이다. 28 나의 성전이 그들 한가운데에 영원히 있게 되면, 그제야 민족들은 내가 주님임을 알게 될 것이다."

하느님이 회복시켜 주실 새로운 이스라엘은 그들 조상들에게 주겠다고 약속하신 그 땅에서 다윗의 통치 아래 영원히 살 것이다. 그분은 그들과 평화의 계약을 맺을 터인데, 그 계약은 새롭고 영원한 계약이 될 것이다. 그리고 하느님은 그들 가운데 거처를 정하시고 영원히 그들 가운데 계실 것이다. 이는 메시아에 대한 신탁이기도 하다.

에제 37장은 보편적인 몸 부활, 이스라엘의 회복/부활, 메시아 통치에 대한 희망과 그 희망의 바탕인 계약의 하느님에 대한 종합적 통찰을 제시한다. 한 가지 주목할 것은 에제 37장의 마른뼈 환시가 보여주듯 성경에서 말하는 부활은 영의 부활 또는 영적인 부활이 아니라 몸 부활이라는 사실이다. 헬레니즘의 도도한 물결 한복판에서도 유다이즘은 인간과 세상에 관한 이원론적 사고를 받아들이지 않고 영혼 불멸이나 영의 부활 대신 몸 부활을 주창하고 희망했다.[12] 지혜서에 의인들의 영혼이 불멸한다는 내용이 나오지만, 이 불멸은 영혼 자체의 내재적 속성이나 능력이 아니라 하느님의 특별한 배려와 선물에서 비롯된 것이다. 물론 부활한 몸은 새롭게 변화된 몸으로 다시 부패하거나 저승에 삼켜질 몸과는 다른 영원불멸의 몸이다.

마지막으로 JNTC가 "사흗날에"(1코린 15,4)에 대한 성경 증언으로 제시한 2열왕 20,8과 호세 6,2을 살펴보자. 앞뒤 문맥도 함께 인용한다.

> 2열왕 20,5 "너는 돌아가서 내 백성의 영도자 히즈키야에게 말하여라. '너의 조상 다윗의 하느님인 주님이 이렇게 말한다. 나는 네 기도를 들었고 네 눈물을 보았다. 이제 내가 너를 치유해 주겠다. 사흘 안에 너는 주님의 집에 올라가게 될 것이다.'" ... ⁸ 히즈키야가 이사야에게 물었다. "주님께서 나를 치유해 주시어 내가 사흘 안에 주님의 집에 올라갈 수 있으리라고 하셨는데, 그 표징이 무엇이오?"

> 호세 6,1 자, 주님께 돌아가자. 그분께서 우리를 잡아 찢으셨지만 아픈 데를 고쳐 주시고 우리를 치셨지만 싸매 주시리라. ² 이틀 뒤에 우리를 살려 주시고 사흘째 되는 날에 우리를 일으키시어 우리가 그분 앞에서 살게 되리라. ³ 그러니 주님을 알자. 주님을 알도록 힘쓰자. 그분의 오심은 새벽처럼 어김없다. 그분께서는 우리에게 비처럼, 땅을 적시는 봄비처럼 오시리라.

2열왕 20,1-11은 유다 임금 히즈키야가 죽을 병에 걸려 죽어야 할 운명이었는데, 하느님께 간청하여 생명을 15년 더 연장시킬 수 있었다는 이야기다. 여기서 주목할 대목은 5절의 "너의 조상 다윗의 하느님인 주님이 이렇게 말한다"이다. "너의 조상 다윗의 하느님인 주님"은 다윗과 계약을 맺으신 하느님으

---

12 플라톤식 이원론을 받아들인 위대한 사상가요 충실한 유다교인 필론의 견해에도 영향을 받지 않았다. "필론의 작품은 자주 영혼 불멸(예를 들면 QG 3.11)에 대한 플라톤적 믿음을 보여 주기도 한다. 영혼이 육에 들어가기 전부터(예를 들면 Somn. 1.138-39), 그리고 몸이라는 무덤을 떠난 뒤에도(Leg. 1.108 참조) 존속한다는 것이다"(『필론 입문』, 153).

로서 "너희 조상 아브라함의 하느님, 이사악의 하느님, 야곱의 하느님"과 동일하신 분이다. 조상들과 맺으신 계약을 성실하게 이행하는 하느님이 히즈키야의 눈물어린 탄원을 들으시고 죽을 병에서 그를 구해주셨다는 것이다. 그리고 5절과 8절에 언급된 "사흘"은 짧은 기간 안에서의 완성을 가리키는 표현으로 특히 구약성경의 산문 이야기들에 자주 나온다.[13]

그다음 호세 6,1-3은 두 징벌 신탁(5,8-15; 6,4-6) 사이에 위치한 구원 신탁이다. 두 징벌 신탁은 하느님이 주어이고 그 사이의 구원 신탁은 하느님께 희망을 둔 백성이 주어다. 하느님은 공정을 실천하지 않고 헛것인 우상을 숭배하는 에프라임(이스라엘 지파들)과 유다 집안에게 분노하고 힘센 사자처럼 되시어 그들을 잡아 찢고 물어갈 것이다(5,8-15). 에프라임과 유다는 주님을 알지 못하고 신의를 저버렸다. 그래서 그분은 예언자들을 통하여 그들을 심판하신다(6,4-6). 두 징벌 신탁 사이의 구원 신탁은 하느님께 돌아가 그분을 알도록 힘쓰기를 촉구한다. 그분께 돌아가면 그분께서 상처를 치유해 주실 것이다. 그 상처는 주님께서 내신 것이지만 그 상처를 치유해 주실 분은 그분뿐이시다(6,1). 그분은 죽이기도 하시고 살리기도 하시고 치기도 하시고 고쳐 주기도 하시며(신명 32,39), 저승에 내리기도 하시고 올리기도 하신다(1사무 2,6).[14] 6,2은 '소생'("살려주시고" חיה)과 '부활'("일으키시어" קום)이 함께 나온다. 전자는 죽을병에서의 치유를, 후자는 죽음에서의 부활을 가리키는 용어다. 이 구절과 관련하여 세 가지 질문이 가능하다. ① 이 구절은 소생을 말하는가 부활을 말하는가? ② "이틀"과 "사흘"은 글자 그대로 2일과 3일을 가리키는가 아니면 은유적으로 짧은 시간

---

13 Cogan/Tadmor, *II Kings*, 254. 참조: 창세 42,18; 탈출 19,16; 여호 2,16; 요나 2,1; 에즈 8,32.

14 바빌론 임금 네부카드네자르도 원하는 대로 사람을 죽이기도 하고 살리기도 하지만 이는 하느님께서 그에게 맡겨주신 권한 덕분이다(다니 5,19).

을 가리키는가? ③ 개인들의 소생/부활인가 아니면 이스라엘 백성 전체의 소생/부활인가? 필자의 답변은 양자택일이 아니라 둘 다이다. 이 구절은 질병에서의 회복과 죽음에서의 부활을 연결시키고 "이틀"과 "사흘"은 문자적 2일과 3일인 동시에 하느님에 의한 이스라엘 백성의 신속한 회복을 가리킬 수 있으며 백성 전체의 회복과 하느님을 올바로 알아 경배하는 이들의 부활을 동시에 언급한다고 볼 수 있다.[15] 에제 37장의 마른뼈 환시처럼 문자적 의미와 문학적 의미를 함께 고찰하면 이같은 통합적 결론을 얻을 수 있다.

마지막으로 유념할 사실은 성경에서 말하는 부활은 죽음 이후의 두 단계를 전제하고 있다는 것이다. 부활은 사후생이 아니라 사후생 이후의 생이다. 부활은 죽음 이후에 곧바로 일어나는 사건이 아니다. 그래서 아무도 부활한 사람이 없는 것이다. 부활은 저승에 머물러 있다가 현세가 끝나는 시대에 일어난다. 부활은 현재의 세대가 아니라 다가올 세대에 일어날 사건이다. 예수님의 부활은 다가올 세대에 일어날 사건의 선취다. 그래서 그분은 보편부활의 맏물이 되셨다. "그러나 이제 그리스도께서는 죽은 이들 가운데에서 되살아나셨습니다. 죽은 이들의 맏물이 되셨습니다"(1코린 15,20). 그런데 예수님은 돌아가신지 사흘만에 부활하셨으므로 그분 역시 이승의 삶과 부활 사이에 존재하는 중간 상태/장소를 거치셨다고 할 수 있다.[16]

---

15 Dearman, *The Book of Hosea*, 193-195 참조.
16 그분이 머무신 중간 상태/장소는 지하세계인 셔올로 볼 수 있다. 우리말 사도신경은 이곳을 두고 림보(limbus), 고성소(古聖所), 지옥(inferri) 등으로 옮기다가 가장 최근에 저승으로 옮겼다.

III. 부활 논쟁
(마르 12,18-27/ 마태 22,23-33/ 루카 20,27-40)

예수님과 사두가이들 사이에 벌어진 부활 논쟁은 표면상 부활에 관한 사두가이들의 견해와 바리사이들의 견해 사이의 충돌로 보인다. 하지만 이 논쟁의 심층에는 초기 그리스도인들의 부활 신앙과 유다이즘의 부활 신앙 사이의 연관성이 자리잡고 있다. 예수님이 최초로 죽은 이들 가운데서 변화된 몸으로 부활하셨다는 초기 그리스도교의 부활 신앙은 제2성전 시대의 유다이즘 안에서 자라온 부활 신앙을 반영하고 증언한다.

1. 부활에 관한 사두가이파와 바리사이파의 견해

사두가이파는 제2성전 시대 후반기 기원전 200년경에 부유한 사제들, 상인들, 귀족들, 그리고 그들의 세력에 동조하는 이들로 구성된 유다이즘의 한 파당이다.[17] 이 파당은 다윗과 솔로몬 시대의 대사제 차독(2사무 8,17; 15,24; 1열왕 1,34 이하; 1역대 12,29)과 예루살렘 성전의 권한을 위임받은 차독 가문(에제 40,46; 43,19; 44,10-15)에서 유래한다. 예수님 시대에도 그들은 산헤드린과 성전에 대한 주도권을 행사하고 있었다. 사두가이파를 대표하는 이들은 예루살렘 성전 중심의 보수적 사제들로서 그들은 토라의 권위와 성전의 경신례를 중요시하였다. 그들과 그들의 경쟁 세력인 바리사이파 사이의 두드러진 차이는 토라에

---

[17] 사두가이파를 대표하는 이들이 예루살렘 중심의 사제들이었지만 모든 사제들이 사두가이들은 아니고 모든 사두가이들이 사제들은 아니었다. 또한 모든 부유한 상인들과 귀족들이 사두가이파에 속하지도 않았다.

대한 자세에 있다. 사두가이파는 오로지 문서 토라의 권위만을 인정한 반면 바리사이파는 문서 토라와 더불어 구전 토라의 권위도 인정했다. 사두가이파는 토라에 근거하지 않는다는 이유로 몸의 부활(마태 22,23; 마르 12,18; 루카 20,27; 사도 23,8)과 영혼의 불멸을 부인했다.[18]

사도 23장에서 루카는 바오로가 최고 의회에서 자신을 변호하는 이야기를 전하면서 부활에 대한 사두가이들과 바리사이들의 상반된 견해를 이렇게 밝힌다. "사실 사두가이들은 부활도 천사도 영도 없다고 주장하고, 바리사이들은 그것을 다 인정하였다"(23,8). 이 구절은 사두가이들이 부활과 천사와 영, 셋 다 부정한 반면, 바리사이들은 셋 모두를 인정한 것으로 이해할 수 있다. 그러나 토라에 천사와 영에 대한 언급이 많이 나오기 때문에 토라를 중요시하는 사두가이들이 천사와 영의 존재를 부정했을 리가 없다. 사두가이들이 천사와 영의 존재를 부정했다는 말은 요세푸스의 사두가이 관련 문헌을 비롯하여 어떤 유다교 문헌에서도 발견되지 않고 신약성경에서도 이곳 이외에 그런 언급을 찾아볼 수 없다.

이 구절의 그리스어 본문을 자세히 살피면서 직역하면 이렇다. "사두가이들은 부활이 없으며 천사도 영도 없다(μήτε ἄγγελον μήτε πνεῦμα)고 말한 반면 바리사이들은 둘 다(τὰ ἀμφότερα) 인정하였다." 이 번역에 따르면 사두가이들은 두 가지를 부인한다. 첫째는 부활 자체이고, 둘째는 천사나 영이다. 그런데 위에서 언급한 것처럼 사두가이들이 토라에 언급된 천사나 영의 존재를 부인할 수 없기 때문에 그들이 부인할 수 있는 것은 죽은 사람들이 처하게 될 천사와 영(또는 그들과 비슷한 존재: 2바룩 51,10; 1에녹 22,3.7; 45,4-5; 마태 22,30/ 마르 12,25/루카 20,36)의 영역이나 형태로 추정할 수 있다. 이 영역이나 형태는 죽음과 최종 부

---

18 Mansoor, "Sadducees", 620-622; 영혼의 불멸에 대한 사두가이파의 부인: 요세푸스, 『유다 고대사』 18,16; 『유다 전쟁사』 2.163 참조.

활 사이의 중간 상태를 가리킨다. 사두가이들과는 달리 바리사이들은 최종적 몸 부활은 물론 중간 상태의 두 가지 존재 양식(천사나 영)을 다 믿었다. 위 인용 구절에서 "둘 다"(τὰ ἀμφότερα)는 ① 종말에 있을 몸 부활, ② (대중적 믿음에 따라) 중간 상태에서 의인이 누릴 천사나 영으로서의 존재 양식을 가리킨다.[19] 이 해석은 루카가 참고했을 법한 요세푸스의 바리사이파 묘사와도 부합한다. "그들(바리사이들)이 말하기를 모든 영혼은 불멸한다. 그러나 착한 이들의 영혼들만 다른 몸들로 옮겨가고 악한 자들의 영혼들은 영원한 징벌에 처해진다"(『유다 전쟁사』 2.163). Fitzmyer에 따르면 요세푸스가 불멸하는 영혼이 다른 몸으로 옮겨간다고 말한 것은 루카의 '부활'(ἀνάστασις) 개념을 그리스 언어와 사상에 맞게 설명한 것일 수 있다.[20] 루카는 요세푸스의 문헌과 당대에 널리 퍼져 있던 대중적 믿음을 반영한 구약 외경 문헌들(에녹 1서와 바룩 2서 등)에 영향을 받아 죽음과 부활 사이의 중간 상태에서 의인들이 영이나 천사와 같은, 또는 그들과 비슷한 존재 양식으로 머물고 있다고 확신했을 것이다.

죽은 사람이 영이나 천사의 존재 양식으로 머물 것이라는 생각은 사도행전의 다른 곳에서도 확인된다. 사도 23장에서 바리사이들은 죽은 이들의 부활에 대한 같은 믿음과 희망을 표명하는 바오로를 옹호하고 나선다. "우리는 이 사람에게서 아무 잘못도 찾을 수 없습니다. 그리고 영이나 천사가 그에게 말하였다면 어떻게 할 셈입니까?"(사도 23,9). 바로 앞 장에서 바오로는 유다인들에게 부활하신 예수님이 나타나시어 자신에게 특별한 소명을 주셨다고 증언한 바 있다(22,6-11.17-21). 바리사이들에게 이 예수님은 중간 상태에 있는 영

---

19 Daube, "On Acts 23: 'Sadducees and Angels'", 493-497, 특히 493. Fitzmyer는 "둘 다"를 두 가지 형태의 부활(곧 천사나 영으로서의 부활)을 가리키는 것으로 이해하지만(*The Acts of the Apolstles*, 719) 바리사이파가 몸 부활 이외에 천사나 영으로서의 부활을 믿었다는 것은 확인된 바 없다.

20 Fitzmyer, *The Acts of the Apolstles*, 719.

이나 천사로 인식되었을 수도 있을 것이다. 또 사도 12장에서 헤로데가 요한의 형 야고보 사도를 죽인 다음 베드로까지 죽이려고 감옥에 가두었는데 주님의 천사에 의해서 구출되었다. 그런 다음 많은 신자들이 그의 구출을 위해 기도하고 있던 요한의 어머니 마리아의 집으로 가서 문을 두드렸다. 그러자 로데라는 하녀가 베드로의 목소리를 듣고서 안으로 달려가 그가 문 앞에 서 있다고 알렸다. 그때 사람들이 "베드로의 천사다" 하고 말한다(15절). 그들은 베드로가 순교를 당한 다음 중간 상태에서 천사가 되어 나타난 것으로 여겼을 수 있다.[21]

사도 23,8에 대한 고찰에서 확인한 바에 따르면, 사두가이들은 토라를 근거로 최종적 부활은 물론, 죽음과 부활 사이의 중간 상태에서 의인이 천사나 영으로 존재할 수 있는 가능성도 부인한 반면 바리사이들은 둘 다 인정한 것으로 드러난다. 루카와 바오로를 비롯하여 초기 그리스도인들은 사후생과 부활에 대한 견해에서 분명히 바리사이파 편에 서 있다.

2. 부활이 없다고 주장하는 사두가이들의 논증(마르 12,18-23/ 마태 22,23-28/ 루카 20,27-33)

"부활이 없다고 주장하는 사두가이들"(마르 12,18)이 논쟁의 무기로 들고 나온 토라의 대목은 수혼제를[22] 명한 신명 25,5-10(창세 38,8 참조)이다. 그 가운데 가

---

21 Daube, "On Acts 23: 'Sadducees and Angels'", 495-496. 죽어서 중간 상태에 머무는 의인이 다른 이의 모습으로 나타날 수 있다는 생각은 루카 9,7-9/ 마태 14,1-2/ 마르 6,14-16에도 나타난다. 부활하신 예수님의 발현 기사(루카 24,36-43)에서도 이런 대중적 믿음을 확인할 수 있다. 부활하신 예수님이 제자들에게 나타나셨을 때 그들은 "영"($\pi\nu\epsilon\tilde{\nu}\mu\alpha$)을 보는 줄로 여겼다(루카 24,37). 『성경』(cbck)에서는 "유령"으로 옮겼다.

22 '수숙혼' 또는 '레비르법'이라고도 한다.

장 중요한 두 구절을 인용한다.

> 신명 25,5 형제들이 함께 살다가 그 가운데 하나가 아들 없이 죽었을 경우, 죽은 그 사람의 아내는 다른 집안 남자의 아내가 될 수 없다. 남편의 형제가 가서 그 여자를 아내로 맞아들여, 시숙의 의무를 이행해야 한다. 6 그리고 그 여자가 낳은 첫아들은 죽은 형제의 이름을 이어받아, 그 이름이 이스라엘에서 지워지지 않게 해야 한다.

수혼제의 근본 취지는 가문의 이름과 생명을 존속시키는 것이다. 여기서 유의할 사항은 가문의 이름과 생명이 가부장 사회에서 남자를 통해서 이어진다는 통념이다. 이스라엘의 가부장 사회에서 일부다처는 역사적으로 성조시대부터 왕조시대와 예수님 당대를 거쳐 라삐시대까지 아무런 문제 없이 존속해 왔다. 반면에 일처다부는 가부장 사회의 통념에서 매우 부적절하고 어리석고 혐오스런 혼인 관습으로 여겨져 이스라엘에서 용납될 수 없었다. 사두가이들의 논리는 이렇다. 모세는 가문의 이름과 생명을 존속시키기 위해 수혼제를 제정했다. 그런데 부활이 있다면 모세가 제정한 수혼제가 유다 사회에서 혐오스럽고 용납될 수 없는 일처다부의 상황을 만들어 낼 수 있다. 모세가 부활을 믿거나 희망했다면 결코 일처다부의 혼란스런 상황을 야기시킬 수혼제를 제정하지 않았을 것이다. 따라서 부활은 있을 수 없고 있어서도 안 된다. 사두가이들은 토라에 기초하여 이런 식의 논증을 펼치면서 자신들의 기지로 부활이 있다고 주장하는 바리사이들과 그들의 견해에 동조하는 예수님에게 승리했다고 자신했을 것이다.[23]

---

23 Meier, *A Marginal Jew: Rethinking the Historical Jesus, vol. III, Companions and Competitors*, 420-422.

3. 예수님의 답변과 논증(마르 12,24-27/ 마태 22,29-32/ 루카 20,34-38)

예수님은 사두가이들의 논증에 라삐 방식으로 질문을 던지시며 응수하신다. 이는 마르 12,19에서 사두가이들이 예수님을 "스승님"이라고 부른 것에 걸맞다. "너희가 성경도 모르고 하느님의 능력도 모르니까 그렇게 잘못 생각하는 것이 아니냐?"(마르 12,24). 마태오는 이 질문을 서술문으로 바꾸고(마태 22,29) 루카는 아예 생략했다.

예수님은 먼저 사두가이들의 오해가 성경과 하느님의 능력에 대한 그들의 무지에서 비롯된 것임을 밝히신다. 그들이 부활을 부정하는 논증의 근거로 삼는 토라는 오히려 부활을 확언하고 있다. 또 하느님의 능력과 주권은 산 이들과 죽은 이들 모두에게, 그리고 이승과 저승의 모든 영역에 미친다(신명 32,39; 1사무 2,6). 그들은 이 사실들을 모르고 있다. 그들의 무지에 대해서는 앞으로 논의될 것이다.

3.1. 부활한 이들의 존재 양식

예수님은 부활한 이들의 존재 양식을 언급하시고 그다음에 부활의 필연성을 피력하신다. 이는 사두가이들이 부활한 이들의 복잡한 혼인 문제를 거론하며 부활의 불합리성을 주장한 것에 맞추어 순서적 반론을 제시하시기 위해서다. 그들이 부활이 없다는 주장의 근거로 삼은 수혼제는 현세에서만 필요하다. 현세에서 사람들은 죽어간다. 수혼제는 죽어가는 사람들이 가문의 이름과 생명을 잇도록 불가피하게 제정한 혼인 관습이다. 사람들이 더 이상 죽지 않으면 수혼제도 필요 없다. "사람들이 죽은 이들 가운데에서 다시 살아날 때에는, 장가드는 일도 시집가는 일도 없이 하늘에 있는 천사들과 같아진다"(마르 12,25)는 예수님의 말씀은 부활한 이들이 단순히 천사들의 거주지인 하늘에 있게 된다는 뜻이 아니라 천사들처럼 혼인할 필요가 없어진다는 뜻이다. 이 말씀은 1세기 예수님 당대의 유다교 관점에서 해석해야 한다. 천사들이 몸이나 성욕을 갖지 않은 '순수한 영'이라는 생각은 교부 시대 말엽에 그리스도교 신학에서 보편화되었다. 하느님의 아들들(천사들)이 사람들의 딸들(여자들)과 성교하여 자식들을 낳았다는 창세 6,1-6의 이야기에서 볼 수 있듯 구약성경과 초기 유다이즘에서 천사들은 매우 순화된(예를 들면 불로 만들어진) 몸을 지녔으면서도 그 몸에 출산에 필요한 성적 기관들을 갖추고 있었다. 이사 6,13에서 사랍들(세라핌)이 두 날개로 발을 가렸다는 말은 은유적 표현으로 하느님께 삼중의 '거룩 찬양'을 하면서 성기를 감추었다는 뜻이다. 1에녹 15장은 창세 6,1-6의 내용을 보다 상세하게 설명하면서 하느님이 인간 여자들과 잠자리를 같이 한 천사들('하늘의 감시자들')을 단죄하시는 이유를 밝힌다. 하늘에 거치하는 천사들은 하느님이 직접 설명하시듯이 죽지 않는 존재이므로 그들에게 출산을 위한 부인을 만들어 주지 않으셨다. "너희는 영원히 살아 있는 영, 영원히 죽지 않는 존재였다. 그래서 내가 너희에게 여자를 만들어 주지 않았던 것이다. 하늘의 영들, 그들의 거처는 하늘에 있었다"(1에녹 15,6-7). 그들이 불멸의 존재로 창조되었기 때문에 출산 능력을 갖춘 성적 존재라 하더라도 혼인을 하거나 성적 관계를 가질 필요가 없이 독신으로 머물러야 한다. 더구나 천상 예배를 주관하기 때문에 사제적 정결을 지켜야 한다.[24]

루카의 병행 대목은 마르코와 마태오의 병행 대목에 두 가지를 덧붙인다. "천사들과 같아져서 더 이상 죽는 일도 없다. 그들은 또한 부활에 동참하여 하느님의 자녀가 된다"(루카 20,36). 이 두 문장은 다 같이 부활한 이들이 불멸의 삶을 누린다는 사실을 강조한다. 천사들과 같아지면 그들처럼 죽지 않을

---

[24] Meier, *A Marginal Jew: Rethinking the Historical Jesus, vol. III, Companions and Competitors*, III, 423-424.

것이고 생명의 원천이신 하느님의 자녀가 되면 그들의 조상 아브라함과 이사악과 야곱처럼 하느님 앞에서 언제나 살아 있게 될 것이다. 하느님은 당신의 자녀들을 결코 죽음의 세력에 삼켜지도록 버려두지 않으실 것이기 때문이다.

정리하면 예수님의 논지는 두 가지다. 첫째, 수혼제를 포함하여 혼인제도는 죽어가는 사람들이 가문의 이름과 생명을 존속시키기 위해 마련된 불완전한 제도다. 둘째, 천사들은 죽지 않는다.[25] 따라서 부활한 이들이 천사와 같이 되어 죽는 일이 없게 되면 일부다처이든 일처다부이든 어떤 형태의 혼인 제도도 불필요한 것이 되고 만다.

이제 부활을 부인하는 사두가이들의 논증은 한꺼번에 주저앉게 되었다. 논증의 근거로 삼았던 수혼제가 부활 이후의 상황에서 불필요하게 되었기 때문이다. 부활한 이들의 존재 양식에 대한 사두가이들의 무지는 근본적으로 하느님의 능력에 관한 무지다. 부활 때에 사람들이 "하늘에 있는 천사들과 같아진다"는 예수님의 말씀은 인간이 천사로 변하여 비물질적이고 비성적인 존재가 될 것이라는 뜻이 아니다. 오히려 부활 때에 하느님이 당신의 능력으로 인간 실존을 근본적으로 변형시켜 인간으로 하여금 천사와 같은 정제되고 불멸하는 몸을 갖게 하실 것이라는 뜻이다. "부활에 대한 믿음은 인간학, 곧 인간이 무엇으로 구성되었는가에 대한 개념(예를 들어 사멸하는 몸과 불멸하는 영혼)에 바탕을 두지 않고 하느님이 누구시고 그분이 무엇을 하실 수 있는지를 논하는 신학에 바탕을 둔다."[26] 그래서 예수님은 사두가이들의 잘못된 부활관을 하느님의 능력에 대한 무지와 연결시키신 것이다.

25　Wright, *The Resurrection of the Son of God*, 423.
26　Meier, *A Marginal Jew: Rethinking the Historical Jesus, vol. III, Companions and Competitors*, III, 424.

3.2. 부활 자체에 대한 예수님의 논증

부활의 존재 양식에 대한 논증에 이어 예수님은 부활 자체에 대한 논증으로 건너가신다. 앞에서 살펴본 바에 따르면 부활에 대한 대표적 성경 증언들은 욥 19,25-27; 이사 26,19; 다니 12,2; 호세 6,2 등이다. 그런데 예수님은 이 성경 대목들 대신 부활과 전혀 관련 없이 보이는 탈출 3장의 말씀을 선택하신다. 이는 다분히 의도적이다. 사두가이들이 자신들의 논증을 유다이즘에서 최고의 권위를 지닌 토라(좁은 의미에서의 토라인 모세오경)의 한 구절 신명 25,5에 의존했듯이 예수님도 토라의 한 구절 탈출 3,6에 의존하셨다. 이는 단순히 사두가이들의 눈높이에 맞추기 위한 것이 아니라 하느님 백성에게 치명적으로 중요한 계시인 계약의 하느님에 대한 계시로 사두가이들의 눈을 돌리게 하시기 위해서였다. 부활을 부정하는 논증으로 사두가이들이 의존한 신명 25,5은 부활한 몸이 현세의 사멸하는 몸과 달리 불멸하므로 논증의 효력을 상실한 반면, 예수님이 부활의 증거로 제시하신 탈출 3,6은 사멸의 몸을 불멸의 몸으로 변형시키신 분이 계약의 하느님이시기 때문에 부활에 대한 강력한 논증이 된다.

"나는 네 아버지의 하느님, 곧 아브라함의 하느님, 이사악의 하느님, 야곱의 하느님이다"라는 말씀은 예수님 자신이 밝히신 대로 떨기나무 대목(탈출 3,1-6)에 나온다. 이 대목 전체를 인용한다.

> 탈출3,1 모세는 미디안의 사제인 장인 이트로의 양 떼를 치고 있었다. 그는 양 떼를 몰고 광야를 지나 하느님의 산 호렙으로 갔다. 2 주님의 천사가 떨기나무 한가운데로부터 솟아오르는 불꽃 속에서 그에게 나타났다. 그가 보니 떨기가 불에 타는데도, 그 떨기는 타서 없어지지 않았다. 3 모세는 '내가 가서 이 놀라운 광경을 보아야겠다. 저 떨기가 왜 타 버리지 않을까?' 하고 생각하였다. 4 모세가 보러 오는 것을 주님께서 보시고, 떨기 한가운데에서 "모세야, 모세야!" 하고 그를 부르

셨다. 그가 "예, 여기 있습니다." 하고 대답하자, ⁵주님께서 말씀하셨다. "이리 가까이 오지 마라. 네가 서 있는 곳은 거룩한 땅이니, 네 발에서 신을 벗어라." ⁶그분께서 다시 말씀하셨다. "나는 네 아버지의 하느님, 곧 아브라함의 하느님, 이사악의 하느님, 야곱의 하느님이다." 그러자 모세는 하느님을 뵙기가 두려워 얼굴을 가렸다.

이 대목 바로 앞의 문맥에서 이스라엘 자손들이 이집트에서 강제노역에 짓눌려 탄식하며 부르짖는 신음 소리를 들으시고 하느님께서는 "아브라함과 이사악과 야곱과 맺으신 당신의 계약을 기억하셨다"(2,24). 그리고 이 대목 바로 다음에 하느님께서 모세에게 당신 백성 이스라엘 자손들을 이집트에서 해방시켜 젖과 꿀이 흐르는 약속의 땅으로 데려가라는 소명을 주신다(3,7-12). 그러자 모세는 하느님을 이스라엘 자손들에게 어떻게 소개할 것인지 그분의 이름을 무엇이라고 해야 할지를 여쭙는다. 하느님은 당신 자신의 이름을 "너희 조상들의 하느님, 곧 아브라함의 하느님, 이사악의 하느님, 야곱의 하느님이신 야훼"로 알려 주시고 "이것이 영원히 불릴 나의 이름이며, 이것이 대대로 기릴 나의 칭호"라고 하신다(3,15). 그런 다음 하느님은 모세에게 이렇게 분부하신다. "가서 이스라엘 원로들을 모아 놓고, '주 너희 조상들의 하느님, 곧 아브라함과 이사악과 야곱의 하느님께서 나에게 나타나 이렇게 말씀하셨다' 하고 그들에게 말하여라. '나는 너희를 찾아가 너희가 이집트에서 겪고 있는 일을 살펴보았다. 그리하여 이집트에서 겪는 고난에서 너희를 끌어내어 … 젖과 꿀이 흐르는 땅으로 데리고 올라가기로 작정하였다'"(3,16-17). 여기서 주목할 점은 하느님께서 계시하신 "아브라함의 하느님, 이사악의 하느님, 야곱의 하느님"이라는 이름이 성조들과의 계약과 직결되어 있고 이 계약 때문에 하느님께서는 그들의 후손인 이스라엘을 이집트의 노역에서 구출하시어 그들 조상들에게 주시겠다고 약속하신 땅으로 인도하실 것이라는 사실이다. 이 과정에서 모세는 그분의 도구일 따름이다.[27] 모세의 소명 이야기에서 이 이름은 4,5에 한 번 더 나온다. 구약성경 전체에서 이 이름 정식定式은 모세의 소명 대목 이외에는 나오지 않는다. 신약성경에서 이 이름 정식은 우리가 논의하고 있는 사두가이들과의 논쟁 대목과 예수님의 부활을 언급하는 사도 3,13에만 나온다. 따라서 복음서 저자들을 비롯하여 초기 그리스도인들은 계약의 하느님을 떠올리게 하는 이 이름 정식을 부활 신앙과 직결시켰음을 알 수 있다. 부활 신앙의 핵심은 계약의 하느님이다.

하느님의 이름 정식과 더불어 앞에서 인용한 떨기나무 대목은 죽음과 부활에 관한 통찰을 불러일으킨다. 이 대목을 좀더 살펴보자. 먼저 유다전승(필론)과 교부전승에 힘입어 "떨기나무"(βάτος)를 "가시덤불"로 바꿀 것을 제안한다.[28]

모세가 호렙산에서 하느님을 만난 때는 그의 생애에서 가장 암울한 시기였다. 그는 이집트에서 살인을 저지르고 시나이 광야로 피신하여 숨어지내다가 미디안 족의 사제 이트로의 딸과 혼인하여 그의 집에서 데릴사위로 살아가고 있었다. 이 대목을 시작하는 3,1은 겨레와 가족들에게서 떨어져 나와 낯선 땅 낯선 민족 가운데서 더부살이를 하며 삶의 목적도 의미도 없이 세월을 보내고 있는 희망 없는 모세의 처지를 간략하게 묘사한다. 2절은 신현(theophany)을 가리킨다. "주님의 천사"는 의인화(擬人化) 대신 하느님을 에둘러 표현한 것(창세 18장; 판관 6장 참조)이고, 불꽃에 싸여 있는데도 타지 않는 가시덤불은 살아계신 하느님의 현존 또는 신성을 가리킨다. 농부들에게는 가시덤불이 쓸모없고 농

---

27 금송아지 사건에서 모세는 이 사실을 이스라엘 백성의 일탈에 진노하시어 그들을 없애버리겠다고 하시는 하느님께 상기시켜 드린다(탈출 32,11-13). 여기서도 모세는 아브라함과 이사악과 이스라엘(야곱)에게 하신 약속을 기억해 주시라고 간청한다.
28 주원준, "떨기나무가 아니라 가시덤불이다", 9-37.

작물을 위협하는 잡초로 여겨지겠지만 사막의 유목민들에게는 경이의 대상일 수 있다. 물기 없이 마르고 메마른 땅에서 태양의 뜨거운 열기를 받으면서도 죽지 않고 생명을 유지하며 자라는 가시덤불은 생명의 상징으로 모든 생명의 원천이신 하느님이 당신을 계시하시기에 가장 적절한 곳이다.[29]

더구나 모세가 본 가시덤불은 불꽃에 둘러싸여 있는데도 타지 않고 있다. 사막의 메마른 가시덤불은 불이 붙으면 순식간에 타 없어진다. 화염에 휩싸여 있으면서도 소멸되지 않는 가시덤불은 무엇을 상징하는가? 이스라엘을 상징할 수 있다. 이집트에서 노예살이를 하면서 이스라엘은 정화될지언정 소멸되지는 않는다.[30] 불꽃 속에서도 가시덤불이 타지 않는 이유는 그곳에 하느님이 현존하시기 때문이다. 파라오가 절멸시키려고 아무리 획책하여도 소멸되지 않는 이스라엘도 마찬가지다. 그들이 소멸되지 않는 것은 그들 자신의 능력 때문이 아니라 하느님께서 그들 선조들과 맺으신 계약을 기억하시어 그들을 지켜 주시기 때문이다. 신명 33,16의 "덤불에 사시는 분"이라는 표현은 의미심장하다. 여기서 덤불은 탈출 3,2절에 나오는 가시덤불과 같은 히브리 단어 '스네'(סְנֶה)이다.[31] 따라서 "가시덤불에 사시는 분"은 비천한 이스라엘 가운데 늘 현존하시는 하느님을 가리킨다. 그분은 고센 지방에서 노예살이를 하던 천민 이스라엘을 시나이 광야로 인도하신 다음 시나이 산에서 그들과 계약을 맺으시고[32] 약속된 땅에 들어가기까지 만남의 천막에서 그들과 함께 그들 가운데 거처하셨다. 이것이 "가시덤불에 사시는 분"이라는 표현에 내포된 뜻이다.

---

29 Houtman, *Exodus, vol. I*, 340-341.
30 Houtman, *Exodus, vol. I*, 342-344 참조.
31 주원준, "떨기나무가 아니라 가시덤불이다", 20-23 참조.
32 하느님께서 아브라함과 이사악과 야곱과 맺으신 계약들은 시나이 산에서 그들의 후손인 이스라엘 백성과 맺으신 시나이 계약으로 수렴되고 완성된다.

3.3. "죽은 이들의 하느님이 아니라 산 이들의 하느님"

이스라엘의 성조 아브라함과 이사악과 야곱은 예수님 당대에서 볼 때 아주 오래 전(2천여 년 전)에 이미 죽었다. 죽은 이들을 살아 있는 하느님과 연결시키는 것은 신성모독이다. 모든 사람은 죽은 다음에 하느님과의 관계가 단절된다(시편 6,6; 30,10; 88,4-12; 이사 38,18-19). 그런데 예수님은 성조들과 계약을 맺으신 하느님을 "죽은 이들의 하느님이 아니라 산 이들의 하느님"(마르 12,27)이시라고 선언하신다. 이 둘은 서로 충돌하는 모순이다.

앞에서 보았듯이 출애굽의 소명설화에서 하느님은 모세에게 당신을 세 성조의 하느님으로 소개하신 다음 "야훼"("있는 나")를 당신의 본 이름으로 계시하시면서 여기에 세 성조의 이름 정식을 연결시키신다(탈출 3,13-15). 모든 생명의 원천이시요 창조주시며 영원하시고 전능하신 하느님이 어떻게 이미 죽어 썩어 없어진 시체들과의 계약 관계에 근거하여 당신 자신의 신원을 확인하시고 당신 자신을 정의하실 수 있는가? 어떻게 이미 사라져 없어진 인물들의 이름을 열거하시면서 스스로 당신 이름을 그들의 하느님, 곧 "아브라함의 하느님, 이사악의 하느님, 야곱의 하느님"이라고 부르시는가?

사두가이들이 부활을 부정하기 위해 삼단논법을 이용했듯이 예수님도 삼단논법으로 부활을 확언하신다. ① 대전제: 모세의 소명 이야기에서 하느님은 당신의 신원과 이름을 아브라함과 이사악과 야곱의 하느님으로 계시하셨다. ② 소전제: 구약성경 전체가 선언하듯이 하느님은 살아계신 분만의 하느님이시지, 당신과 아무 관계도 맺을 수 없는 속되고 부정한 죽은 이들의 하느님이 아니시다. ③ 결론: 따라서 하느님의 신원이 진정으로 세 성조와 맺는 영구적 계약 관계에 근거하여 정의되려면 세 성조는 (지금이든 미래든) 살아 있어야 하고 하느님과 살아 있는 관계 안에 있어야 한다.[33] 그리고 죽음 이후 하느님의 현존 앞에서, 그분과 지속적인 관계를 맺으며 살아가는 삶 자체가 바로 부활이다. 이 부활은 세 성조와 그 후손들, 그리고 그들처럼 그분께 충실한 모든 이들에게 계약을 통해서 주어진 보증이요 희망이다. 하느님은 성조와 개별적으로 계약을 맺으셨고[34] 그들의 후손인 이스라엘 백성과 모세의 중재를 통해 시나이 계약을 맺으셨으며 마지막으로 그분의 아들 메시아 예수님을 통해 인류와 새 계약을 맺으셨다. 이 계약을 통해 하느님은 계약의 객체인 성조들과 그들의 후손인 이스라엘 백성과 새로운 하느님 백성인 그리스도인들을 모두 이승과 저승에서 그리고 종말 때에 모든 악과 원수들에게서 구원하실 것이다. 그리고 "마지막으로 파멸되어야 하는 원수는 죽음"이다(1코린 15,26).

4. "하느님께는 모든 사람이 살아 있다"(루카 20,38).

루카 복음에서 예수님은 하느님을 "죽은 이들의 하느님이 아니라 산 이들의 하느님"으로 소개하신 다음, 이에 대한 부가적 설명으로 "사실 하느님께는 모든 사람이 살아 있는 것이다"(루카 20,38)라는 말씀을 덧붙이신다. 이 말씀은 우선 이스라엘의 성조들에게 해당된다. 아브라함과 이사악과 야곱은 오래 전에 죽었고 아직까지 부활하지 않았지만 하느님께서는 이들이 죽은 이들이 아니라 산 이들이라는 것이다. 그렇다면 이 말씀은 일차적으로 죽음과 부활 사이의 중간 상태에 있는 성조들을 겨냥한다고 할 수 있다. 그러나 "모든 사람"이 시사하는 것처럼 성조들뿐 아니라 다른 사람들에게도 이 말씀이 적용된다. 그렇다면 "모든 사람"에는 어떤 이들이 포함될까? 하느님을 믿지 않고 그분의 율법을

---

33 Meier, *A Marginal Jew: Rethinking the Historical Jesus, vol. III, Companions and Competitors*, 429.
34 성조 이전에 노아와 계약을 맺으시고(창세 9,1-17), 노아 이전에는 타락 이후의 원조에게 구원의 약속이 주어졌다(창세 3,15). 이 구원의 약속을 원복음(Proto-evangelium)이라고 부르는데, 계약이 본질적으로 약속을 의미하므로 넓은 의미에서 이 원복음도 하느님이 원조와 그 후손들인 인류 전체와 맺으신 계약이라 할 수 있다.

지키지 않는 악인들까지 포함될 리는 없다.

엘아자르의 순교와 일곱 아들과 그 어머니의 순교를 다루는 제2경전 2마카 6장과 7장, 그리고 이들의 순교를 더 자세하고 깊게 다루는 구약 외경 마카베오기 4권에서 답을 찾을 수 있다. 2마카 6장과 7장은 몸 부활과 하느님의 심판에 대한 매우 강력한 증언을 담고 있다. 그리고 4마카에는 "하느님께는 모든 사람이 살아 있다"는 표현이 두 번 나온다(7,6; 16,25).

첫 번째 예는 4마카 7장에 나온다. 이 7장은 2마카 6장에 나오는 안티오코스 4세의 박해 때에 순교한 엘아자르에 대한 칭송이다. 엘아자르는 뛰어난 율법 학자였는데 율법에서 금하는 돼지고기를 거부했다는 죄목으로 죽을 때까지 매질을 당함으로써 순교한다. 그가 죽기 전에 남긴 마지막 말이 의미심장하다. "거룩한 지식을 가지고 계신 주님께서는, 내가 죽음을 면할 수 있었지만, 몸으로는 채찍질을 당하여 심한 고통을 겪으면서도 마음으로는 당신에 대한 경외심 때문에 이 고난을 달게 받는다는 사실을 분명히 아십니다"(2마카 6,30). 엘아자르 이야기에서는 아직 부활에 대한 명시적 언급이 없다. 다만 엘아자르는 하느님께서 자신의 신실하고 용기 있는 행동을 기억해 주실 것이라고 확신한다. 4마카 7장에서는 이 존경받는 노인을 그리스 스토아 학파의 수덕주의에 연결시켜 '경건한 이성으로 욕망을 이긴 사람'으로 평가한다. "그러나 어떤 사람들이 주장하듯 모든 사람이 계몽된 이성을 소유하지는 않기 때문에 모든 이가 욕망의 통제자가 아니다. 온 마음으로 경건함을 자신들의 첫 번째 관심사로 만드는 이들만 육체의 욕망을 정복할 수 있다. 그들은 우리 조상 아브라함과 이사악과 야곱이 죽지 않고 하느님께 살아 있듯이 자신들이 하느님께 죽지 않는다고 믿고 있다"(4마카 7,17-19). 엘아자르는 올바른 이성으로 육체의 욕망을 정복한 사람인 동시에 하느님이 그분께 대한 충성을 알고 계신다고 확신하였다. 이 때문에 그는 '하느님께 살아 있는 모든 사람' 안에 포함된다.

두 번째 예는 4마카 16장 끝에 나온다. 이 장이 포함된 4마카 8—17장은

2마카 7장에 묘사된 일곱 아들과 그 어머니의 순교 이야기를 매우 상세히 다룬다. 2마카 7장에서 일곱 아들들과 그 어머니는 순교에 앞서서 유언을 남긴다. 그들의 유언을 종합하면 부활 신앙의 중요하고 분명한 내용을 얻어낼 수 있다. 첫째, 부활은 하느님의 법을 위해 자신의 몸을 바친 이들에게 주어지는 영원한 생명이다(9절). 둘째, 이 부활은 몸의 부활이다. 순교자들이 하느님께 받았다가 하느님의 법을 지키기 위해 포기한 지체들을 하느님께서 되돌려 주실 것이다(11절, 22-23절). 셋째, 부활은 필연적으로 심판을 동반한다. 하느님은 정의로운 분이시다. 순교자들에게는 몸 부활을 통해서 영원한 생명을 주시고 박해자에게는 부활하여 영원한 생명을 누릴 가망이 없다(14절). 지금 유다인들이 당하는 고난은 하느님께 죄를 지은 것에 대한 징벌이지만 그 징벌의 도구로 사용되는 폭군 안티오코스도 하느님과 맞서 싸우려 하기 때문에 반드시 벌을 받을 것이다(18-19절). 넷째, 부활 신앙의 가장 중요한 근거는 하느님의 자비와 그분이 이스라엘 선조들과 그 후손들과 맺으신 계약이다. 모세가 노래한 대로[35] 그분께서는 당신 백성을 지켜주시고 그들에게 자비를 베푸실 것이다(6절). 순교자들은 "잠시 고통을 겪고 나서 하느님의 계약 덕분에 영원한 생명을 누리게" 될 것이다(36절).

    4마카 8—16장은 일곱 아들과 그 어머니의 순교를 매우 상세히 다루면서 엘아자르를 '하느님께 살아 있는 모든 사람' 안에 포함시켰듯이 이들도 그 안에 포함시킨다. "일곱의 어머니는 이런 말로 각자에게 격려하고 하느님의 계명을 어기기보다는 차라리 죽으라고 권고하였다. 그리고 그들은 하느님을 위해 죽는 이들이 아브라함과 이사악과 야곱과 모든 선조들처럼 하느님께 살아 있다는 것을 스스로 아주 잘 알고 있었다"(4마카 16,24-25). 마카베오기 4권 저자

---

35   신명 32,36: "당신 백성의 힘이 다함을, 노예도 자유인도 남아 있지 않음을 보시고 주님께서는 당신 백성의 권리를 옹호하시며 당신의 종들을 가엾이 여기시리라."

는 엘아자르 경우처럼 일곱 아들과 그 어머니가 이성으로 욕망을 통제했음을 높이 평가한다. 일곱 아들은 이성으로 신앙을 위해 형제애를 극복했고(14,1) 그들의 어머니는 아들들에 대한 모성애를 극복했다(15,1). 이 밖에 마카베오기 4권의 저자는 마카베오기 하권의 순교 행적에 두 가지 중요한 통찰을 덧붙인다. 하나는 순교자들의 대속 사상이다. 순교자들이 피와 죽음으로 이스라엘의 죄를 대속한 덕분에 원수들이 벌을 받고 이스라엘이 구출되었다는 것이다. "하느님을 위해 자신들을 봉헌한 이들(순교자들)은 현재의 순교 사실뿐만 아니라, 그들을 통해 우리 원수들이 우리 민족에게 우세하지 못했고 폭군이 벌을 받았으며 우리의 조국이 정화되었다는 사실에 의해서도 영광스럽게 되었다. 말하자면 그들이 우리 민족의 죄에 대한 속죄가 되었기 때문이다. 이 의인들의 피를 통해서, 그리고 그들의 속죄 죽음을 통해서 하느님의 섭리는 수치스런 취급을 받아온 이스라엘을 구출하게 되었다"(4마카 17,20-22). 이 대속 사상은 지금 이스라엘이 폭군에게 당하는 수난이 그들이 저지른 죄에 대한 징벌이라는 2마카 2,18의 생각을 하느님의 정의 실현이라는 측면에서 더 깊이 성찰한 결과다. 다른 하나는 순교자들이 지금 하느님의 어좌 곁에 서서 복된 세대의 생명을 누리는 근거를 토라에서 찾은 것이다. "모세가 '당신의 거룩한 이들은 모두 당신 손안에 있습니다' 하고 말하기 때문이다"(4마카 17,19). 이 구절은 신명 33,3의 일부를 인용한 것이다. 이 구절 전체를 인용한다. "정녕 민족들을 사랑하시는 분, 당신의 거룩한 이들은 모두 당신 손안에 있습니다. 그들은 당신 발 앞에 엎드려 저마다 당신의 말씀을 받습니다." 이 구절에 따르면 거룩한 이들은 민족들을 사랑하시는 분의 발 앞에 엎드려 그분의 말씀을 받아 실천하는 이들이다. 그들은 모두 하느님 손안에 있다. 신명 33,3의 말씀은 베드로가 최초의 이방인 개종에서 표명한 보편적 구원관을 떠올리게 한다. "(하느님께서는) 어떤 민족에서건 당신을 경외하며 의로운 일을 하는 사람은 다 받아 주십니다"(사도 10,35).

'하느님의 손안에 있다'는 표현은 의인들의 영광스런 운명과 보상에 대한 지혜서의 말씀에도 나온다. "의인들의 영혼은 **하느님의 손안에 있어** 어떠한 고통도 겪지 않을 것이다"(지혜 3,1). 이는 이어지는 구절들이 보여주듯이 현세에서 의인들의 영혼이 고난을 겪지 않는다는 뜻이 아니라 사후에 그렇게 된다는 것이다(3,2-10). 악인에게는 희망이 없다. "그러나 의인들은 영원히 산다. 주님께서 그들에게 보상하시고 지극히 높으신 분께서 그들을 보살피신다. 그러므로 그들은 주님의 손에서 영화로운 왕관을 받고 아름다운 머리띠를 받을 것이다. 그분께서는 당신의 오른손으로 그들을 감싸 주시고 당신의 팔로 그들을 지켜주실 것이다"(지혜 5,15-16).

지혜서는 그리스 사상에 영향을 받아 죽음과 부활 사이의 중간 상태에서 죽은 사람들이 몸 없는 영혼으로 존재하고 이 영혼이 불멸한다고 여겼다. 그러나 영혼의 불멸성은 플라톤이 생각하듯 영혼 자체의 내재적 본성에 의한 것이 아니라 하느님께서 주시는 선물이요 보상이다.[36] 지혜서의 주장에 따르면 하느님과의 지속적인 관계(계약 관계) 덕분에 의인들(하느님을 신뢰하는 이들과 거룩한 이들)은 죽음 이후에도 축복받은 생존을 이어갈 것이다. "주님을 신뢰하는 이들은 진리를 깨닫고 그분을 믿는 이들은 그분과 함께 사랑 속에 살 것이다. 은총과 자비가 주님의 거룩한 이들에게 주어지고 그분께서는 선택하신 이들을 돌보시기 때문이다"(지혜 3,9). 그리고 유다이즘에서는 몸 없는 영혼으로 불멸하는 것을 부활로 여기지 않았다. 따라서 몸 없는 영혼으로서의 실존은 죽음 이후 부활을 기다리는 동안, 곧 중간 상태에서의 삶을 가리킨다. 한마디로 부활은 사후생 이후 변화된 불멸의 몸으로 누리는 영원한 생명을 가리킨다. 지혜 3,8에서 의인들이 하느님과 함께 민족들을 영원히 지배하고 통치할 것이라는

---

36 Wright, *The Resurrection of the Son of God*, 130; Nichols, *Death and Afterlife*, 28.

말은 이를 두고 하는 말이다. 따라서 지혜서는 영혼이 하느님 안에서 안식을 누리는 중간 상태에 대한 믿음과 마지막 때의 몸 부활에 대한 믿음을 통합한다. 이 두 가지 믿음은 사후생에 대한 그리스도교의 중심 믿음이기도 하다.[37]

* * *

예수님은 사두가이들과의 부활 토론을 이용하여 사두가이들뿐 아니라 이 토론을 지켜보는 모든 이들의 시선을 구약성경 전체가 펼쳐 보이는 구원 역사와 그 역사를 주도하시는 계약의 하느님께 집중하도록 하신다. 예수님은 사두가이들의 질문에 대한 답변 첫 머리에 그들이 성경도 모르고 하느님의 능력도 모른다고 꾸짖으셨다. 그리고 마지막에도 "너희는 크게 잘못 생각하는 것이다"(마르 12,27)고 하시면서 이를 확언하셨다. 토론을 지켜보던 "군중은 이 말씀을 듣고 그분의 가르침에 감탄하였다"(마태 22,33). 단순히 예수님의 지혜로운 답변에 감탄한 것이 아니라 성경과 하느님의 능력, 더 나아가서 하느님에 관한 본질적인 가르침에 탄복한 것이다. 그리고 성경에 정통한 율법 학자들 몇 사람도 예수님의 견해에 온전히 동조했고 이후부터 부활과 관련하여 아무도 감히 그분께 묻지 못하였다(루카 20,39-40). 루카의 이 마무리는 부활에 대한 예수님의 견해가 구약성경과 제2성전 시대의 유다이즘에서 기원되고 발전되어 온 그리스도교의 부활 신앙과 희망을 결정적으로 대표하고 있음을 드러낸다.

IV. 맺음말

본고는 먼저 구약성경과 제2성전 시대의 유다이즘에서 사후생 개념과 부활 사상이 어떻게 기원되고 발전되어 왔는지를 살펴보았다. 그런 다음 이 사후생 개념과 부활 사상이 예수님과 사두가이들 사이의 부활 논쟁 대목(마르 12,18-27과 병행 대목들)에서 초기 그리스도교의 부활 신앙에 온전히 수렴되고 완성되었음을 확인했다. 물론 사후생 개념과 부활 사상은 유다이즘의 전유물은 아니다. 고대 근동, 페르시아, 그리스-로마를 비롯하여 고대 세계 곳곳의 신화와 종교와 문화에서 사후생에 대한 관심과 부활 개념을 발견할 수 있다. 그러나 성경과 유다이즘의 사후생과 부활 개념은 창조주 하느님과 계약의 하느님에 대한 이스라엘 백성의 절대적 신뢰와 충성에 바탕을 둔다는 점에서 다른 지역과 문화의 그것들과 구별된다. 그리스도교는 구약과 유다이즘의 사후생과 부활 개념을 온전히 수용하는 동시에 메시아 예수님의 부활 사건 안에서 이를 구체적으로 확인하고 증언한다.

본고는 복음서에 나오는 예수님의 부활 사화와 바오로 서간을 비롯한 신약성경의 서간들 및 묵시록에 나오는 초기 그리스도인들의 부활 신앙과 종말론은 다루지 않았다. 예수님과 그 밖의 신약성경에서 우리는 단테의 신곡에 묘사된 천국·지옥·연옥에 관한 구체적 언급들을 찾아볼 수 없다. 그러나 성경 전체의 계시에 바탕을 둔 유다-그리스도교 신앙은 인간의 삶이 현세와 중간 상태와 종말 이후의 결정적이고 영구적인 삼 단계 실존으로 구분되고 이 삼 단계의 실존을 좌우하는 것은 살아계신 하느님과 계약에 충실하신 하느님의 권능과 자비임을 천명한다.[38]

---

37 Nichols, *Death and Afterlife*, 29.
38 『가톨릭 교리 문답』 202-217항은 사후생과 부활에 대한 신구약성경의 가르침들을 잘 정리하여 그리스도교의 교리로 제시하고 있다. 정승현 해설, 『말씀으로 익히는 가톨릭 교회 교리 문답』, 205-219.

V. 참고 문헌

외경

마카베오기 4권, H. Anderson, "4 Maccabees", J.H. Charlesworth (ed.), *The Old Testament Pseudepigrapha vol.2* (New York 1985), 531-564.

고전 문헌

요세푸스, 『유다 고대사』 *Antiquitates Judaicae* · 『유다 전쟁사』 *Bellum Judaicum*, W. Whiston (tr.) (The New Complete Works of Josephus: Commentary by P.L. Maier; Grands Rapid 1999).

일반 문헌

Cogan, M., Tadmor, H., *II Kings* (New York 1988).

Daube, D., "On Acts 23: 'Sadducees and Angels'", *JBL 109* (1990), 493-497.

Dearman, J.A., *The Book of Hosea* (Michigan 2010).

Fitzmyer, J.A., *The Acts of the Apolstles* (New York 1998).

Frazer, J.G., *The Golden Bough: A Study in Magic and Religion* (New York, 1922; 1951).

Hartley, J.E., *The Book of Job* (Michigan 1988).

Houtman, C., *Exodus, vol. I* (Leuven 1993).

Kedar, B., "Netherworld", C. Roth, G. Wigoder et al. (eds.), *Encyclopedia Judaica vol. 12* (Jerusalem 1972), 996-998.

Longman III, T., *The Book of Ecclesiastes* (Grand Rapids 1988).

Mansoor, M., "Sadducees", C. Roth, G. Wigoder et al. (eds.), *Encyclopedia Judaica vol. 14* (Jerusalem 1972), 620-622.

McKenzie, L., *Pagan Resurrection Myths and and Resurrection of Jesus* (Charlottesville 1997).

Meier, J.P., *A Marginal Jew: Rethinking the Historical Jesus, vol. III, Companions and Competitors* (New Haven & London 2001).

Nichols, T., *Death and Afterlife* (Grand Rapids 2010).

Stern, D.H., *Jewish New Testament Commentary* (Clarksville 1992).

Winston, D., *The Wisdom of Solomon* (Michigan 1998).

Wright, N.T., *The Resurrection of the Son of God* (Minneapolis 2003).

송혜경, "구약 외경에 나타난 '죽음 이후'", 『죽음 이후』(한님성서연구소 2024), 59-114.

정승현 해설, 『말씀으로 익히는 가톨릭 교회 교리 문답』(한님성서연구소 2018).

주원준, "떨기나무가 아니라 가시덤불이다", 『말씀의 육화와 성경의 올바른 해석』(한님성서연구소 2023), 9-37.

_____, "죽음의 신의 고향에서 영원한 승리를!", 『죽음 이후』(한님성서연구소 2024), 7-57.

솅크, 케네스, 『필론 입문』, 송혜경 옮김 (유다·그리스도교 고전 입문 총서 III-5; 바오로딸 2008).